Das Backen ist des Müllers Lust

Brot-Zeit!

Backgeheimnisse der Müllermeisterin

Annelie Wagenstaller

blv

Was Sie in diesem Buch finden

116 Rezepte

Vorwort

Das Backen fängt beim Müller an

Meine Erfahrung als Müllermeisterin zeigt mir täglich, wie wichtig Brot für die Menschen ist. Zu uns in die Mühle kommen viele, denen das Brotbacken wie selbstverständlich von der Hand geht, und wiederum andere, die wissen wollen, wie's funktioniert.

Mein Leben war schon immer geprägt durch unsere Mühle, die es heute in die nächste Generation zu führen gilt. Seit ich denken kann, war klar: Ich gehe meinen Weg als Müllerin – und mit 21 Jahren war ich dann auch die jüngste Müllermeisterin Deutschlands. Auch das Brotbacken hat mich von jeher interessiert – sozusagen als Vollendung meines Handwerks. Bereits mit 16 Jahren buk ich Brot für Veranstaltungen in der Mühle. Die Teilnehmer meiner Brotbackkurse sind heute zum Teil wesentlich jünger … und es ist immer wieder eine Freude, ihnen über die Schulter zu sehen und ihnen meine Leidenschaft weiterzugeben.

Natürlich könnte man sagen, dass Brotbacken heute nichts Notwendiges mehr an sich hat. Im Gegensatz zu früher, als es noch zweimal im Monat einen Backtag gab: Um vier Uhr morgens den Ofen anheizen und Brotteig für 40 Laibe mischen und kneten (bei diesen Mengen brauchte man dafür natürlich mehrere Hände). Anschließend wartete der Stall. Nach der Morgensuppe ging's dann los mit Teigformen, Ofenherrichten und Backen. Es war ein Kampftag voller Mühen – trotzdem war man glücklich, wenn man überhaupt etwas zu backen hatte. Wie viel bequemer haben wir es heute!

Und doch ist und bleibt Brot das Lebensmittel, das uns auf (mehr oder weniger) direktem Weg mit dem Bauern und seinem Acker, also dem Boden, verbindet – sozusagen ein Lebensmittel, das uns erdet. Aus diesem Grund möchte ich in diesem Buch nicht nur meine Brotrezepte und Geheimtipps mit Ihnen teilen, sondern auch generationenaltes Wissen über Getreidesorten, den Weg vom Korn zum Mehl, Brottradition und Brauchtum.

Denn nicht nur mit Blick auf die zunehmenden Lebensmittelskandale oder -allergien ist es gut zu wissen, was drin ist in dem, was man isst. Bewegung, Ernährung und Denken sollen im Einklang miteinander sein. Darüber hinaus hat das Brotbacken so einiges zu bieten: Es kostet nicht viel und macht Spaß, ist eine Pause vom hektischen Alltag, man kommt in Bewegung und hat dabei Zeit, seine Gedanken schweifen zu lassen. Man erlebt, wie sich etwas durch die Arbeit seiner Hände verändert … und erst der Duft, der dabei durchs Haus zieht, und der Stolz, wenn man das heiße und knusprige Brot aus dem Ofen holt! Eine Arbeit, die nicht nur den Magen satt macht, sondern auch die Seele.

Brotbacken kann, wer will und sich traut – ob Mann oder Frau, Jung oder Alt. Meine Muina Oma hat immer gesagt: »Da kann man sich so viel schöne Tage machen, wenn einem die Arbeit gfreit!«

In diesem Sinne wünsche ich Ihnen viel Spaß beim Lesen, Ausprobieren und Genießen.

Ihre Annelie Wagenstaller

Mainarin, geh, moi ma mei Mai!
(Hochdeutsch: Müllerin, bitte geh und mahl mir mein Mehl)

Vor dem Mehl

Getreidesorten – für alles ist ein Korn gewachsen!

Seit vielen Jahrtausenden stellen Gräser die Grundlage der menschlichen Ernährung dar. Durch das Sammeln und Anbauen von sogenannten Unkrautgräsern wurden diese selektiert und immer weiter veredelt. Aus den Wildgräsern wurden frühere Kulturformen.

Unser Getreide kam aus Vorderasien, etwa aus der Gegend des heutigen Persien und der Türkei. Aber schon vor acht- bis zehntausend Jahren wurden Weizen und Gerste auch an der westlichen Mittelmeerküste angebaut. Heute laufen Jahrtausende der Entwicklung und die Arbeit unserer Vorfahren Gefahr, in den Gentopf geworfen zu werden.

Kannst du mir nicht sagen,
Philosoph, woher das Wort »Arbeit« kommt?

Es heißt, in alten Zeiten habe dieses Wort so viel als »Not« und »nötig« bedeutet. Es kann sein, dass gewisse Leute nur dann arbeiten wollen, wenn sie die Not dazu drängt. Ich frage indes, ob das Wort Arbeit nicht von Arling (Pflugschar) und Aren (Egge) kommen könnte und also ursprünglich nur solches Wirken ausdrückte, das mit der Erdscholle zusammenhängt. Ich könnte dann sehr schön dazutun, dass das Ackern der Grundbegriff aller Arbeit ist. Ein Bauernknecht, der ackern kann!

Und dieser Erdgeruch! Dieser köstliche Erdgeruch! Das haucht einem so frisch und kühl, so erdharzig ins Gesicht! Ich möchte dir's beschreiben und kann nicht. Als ob man von Rheinwein ganz leicht berauscht wäre, so herzhaft mutet das an, so herzhaft und urstärkend, wenn Erdsegen aufsteigt, dieser Lebenshauch, ich habe bisher keine Ahnung von ihm gehabt. Zum Aufjauchzen, so froh!

Auf steilen Feldern ackert man mit dem angedeuteten Hin-und-her-Furchen natürlich von unten nach oben. Und während wir mit dem Pflug auf die Anhöhe kommen, rückt unten schon der Adam (der Bauer) mit dem Säetuch dran. Und wie der ältliche Mann unbedeckten Hauptes in Demut und Würde zugleich über die braunen Schollen dahinschreitet und sein Korn der Erde opfert – so kommt mir das ganz weihevoll, priesterlich vor. Die erste Handvoll Korn, die er ausstreut, hat er vorher andächtig emporgehoben zu seinen Lippen. Geküsst hat er die Körner wie ein Heiligtum! – So war mir noch nie bisher in meinem Leben als in diesen Tagen. Als ob ich heimgefunden hätte! Als ob der verlorene Sohn endlich wieder in seiner uralt heiligen Heimat wäre! Ja, Freund, ja, das ist der alte große Adelsstand. Zuerst der Gottschöpfer und gleich unterhalb sein Handlanger, der Bauer. Wer seine eigene Hand in die offene Furche der Erde legt, der muss dran glauben.

Nach dem Pflügen das Säen, nach dem Säen das Eggen, wodurch mit der »Aren«, wie man die Egge nennt, der Same ins Erdreich gekraut wird. Dann lassen wir's stehen. Lassen es stehen, stellen uns seitab an den Rain und beten um Regen und Sonnenschein. – Kein Mensch sieht sich mit seinem Tun und Lassen so unmittelbar auf Gott angewiesen als der Landmann. Düngen, pflügen und säen, ja das kann er. Aber das ist all noch nichts. Das Korn, das er in die Erde gestreut, verwest und er ist ärmer als vorher.

Was nun anfängt zu geschehen und zu werden, das wird ohne sein Zutun. Er kann nicht fördern und nicht hemmen, ganz ohnmächtig muss er zusehen, was da wird oder nicht wird unter der wechselnden Sonne, unter den träumenden Wolken des Himmels. Es ist wohl sein Anlass, aber es ist nicht sein Werk. Und weil der rechte Bauer schon einmal nicht müßig sein mag und doch zur Förderung seiner Sache auch nicht weiter Hand anlegen kann, so legt er diese Hände aneinander: Vater unser! Gib uns unser tägliches Brot!

Aus Peter Rossegger, Erdsegen, 1897

Die Hauptgetreide

Einkornlinie – Weizen

(Triticum)

Das Einkorn ist eine der ältesten uns bekannten Getreidearten und wurde bereits vor 10 000 Jahren im Ursprungsgebiet von Euphrat und Tigris kultiviert. Wie bei Dinkel und Emmer müssen die Spelzen in einem Gerbgang entfernt werden.

Einkorn hat einen hohen Carotingehalt und das Mehl daraus ist goldgelb. Den Namen hat er daher, dass er auf der Ährenspindel nur ein einzelnes Korn hat. Zum Backen von Brot sehr gut geeignet.

Emmer (T. dicoccum)

Einkorn (T. monococcum)

Beide wurden bereits in der Jungsteinzeit kultiviert. Es wird vermutet, dass sich aus Einkorn und Zweikorn, auch Emmer genannt, der zweizeilige Dinkel mit je zwei Körnern im Spelz entwickelt hat.

Emmer ist ein schalenarmes Getreide mit mäßigen Klebereigenschaften und bindet daher nur wenig Flüssigkeit, was zu einem festeren Teig als bei Dinkel oder Weizen führt.

Wo die Lüge zum täglichen Brot wird, verhungert das Gewissen.
Sobald die Gleichgültigkeit zum täglichen Brot wird, verhungert die Menschlichkeit!

Ernst Ferstl

Dinkel

(Triticum spelta)

Dinkel, auch Spelz oder Fesen genannt, ist aus den Urweizensorten Einkorn und Emmer hervorgegangen und stellt die Urform unseres heutigen Weizens dar. Noch in den 1930er-Jahren hielt sich der Anbau von Dinkel und Weizen in Württemberg etwa die Waage, größere Anbauflächen gibt es derzeit nur noch in der Schweiz und in Belgien, in Deutschland wird er regional noch angebaut.

Bekannte Dinkelsorten: Schwabenkorn, Holstenkorn, Bauländer Spelz, Frankenkorn.

Anbau und Verarbeitung: Dinkel hat einen dreifachen Chromosomensatz (Einkorn einen einfachen, Hartweizen einen zweifachen). Die Dinkelpflanze ist von höherem Wuchs als der Weizen. Sie bildet dünne Ähren und schmälere, längliche, goldgelbe bis rötliche Körner. Zur Aussaat von Oktober bis Dezember werden ungeschälte Körner verwendet, dadurch ist der Dinkel besser vor Umweltgiften, Kälte und widrigen Umständen geschützt als anderes Getreide. Er ist weniger krankheitsanfällig und anspruchsloser als Weizen, durch seinen langen Halm neigt die Pflanze jedoch eher zu Lageranfälligkeit. Gedeihen wird der robuste Dinkel auf fast allen Böden, er schätzt aber eine kalkhaltige Erde. Dinkel ist ein Getreide mit niedrigem Ertrag, der auch durch Düngergaben nicht gesteigert werden kann. Sein Hektarertrag liegt bei 20 bis 35 dt/ha.

Gesundheit: Im Vergleich zum Weizen ist er reicher an essenziellen Aminosäuren und Kieselsäure. Auch Mineralstoffe, Vitamine, Eiweiß, Kalium und Phosphor sowie Eisen sind reichlich vorhanden. Im Körper wirkt er säureregulierend. Aus langjähriger Erfahrung kann ich sagen, dass er von Allergikern meist besser vertragen wird und den Weizen gut ersetzen kann – vorausgesetzt, Sie haben keine Glutenunverträglichkeit.
Schon Hildegard von Bingen bezeichnete Dinkel als das beste Getreide, da es nicht säuert. Wir müssen Weizen umgerechnet 30-mal kauen, bis er sich im Körper basisch verhält. Dinkel hingegen ist von Haus aus basisch.

In der Küche: Seine Besonderheiten sind ein hoher Kleberanteil und ein herzhafter, nussartiger Geschmack. Zum Backen und Kochen wird er wie Weizen verwendet. Beim Kneten neigen reine Dinkelteige aber oft zum Schmieren und das Gebäck wir etwas flacher.

Grünkern

Unreifer Dinkel, der in der Milchreife geerntet wird. Die Milchreife ist der Reifezustand des Korns, bei dem dieses noch hell (meist weiß) und sehr viel kleiner als das ausgereifte Korn ist. Milchreife Körner sind sehr weich, weil ihr Inneres von einer weißen, süßen Flüssigkeit gefüllt ist.

Grünkern lässt seinen Spelz beim Dreschen nicht fallen – dieser muss extra in einem speziellen Schälgang entfernt werden.

Weichweizen

(T. aestivum)

Die wertvollsten Bestandteile befinden sich im Keim und in den Randschichten. Seine wichtigen Inhaltsstoffe sind: Vitamin B_1, B_2, B_6, die Vitamin-A-Vorstufe Carotin, das im Körper zu Vitamin A umgesetzt wird, sowie Kalium, Phosphor, Magnesium und Kieselsäure. Sein hoher Klebergehalt führt zu hervorragenden Backeigenschaften. Meine Erfahrungen zeigen jedoch: Wer zu Rheuma neigt, sollte lieber Dinkel verwenden, da dieser nicht säuert.

Tipp bei Rückenschmerzen: 2 kg Weizen in Wasser kochen und im Bett auf ein großes Handtuch schütten. Man sollte eine ganze Nacht darauf liegen! Um die Matratze zu schonen, können Sie einen aufgeschnittenen Müllsack darunterlegen.

Der volle Sack von Wilhelm Busch

Ein dicker Sack – den Bauer Bolte,
der ihn zur Mühle tragen wollte,
um auszuruhn, mal hingestellt
dicht an ein reifes Ährenfeld –
legt sich in würdevolle Falten
und fängt 'ne Rede an zu halten.
»Ich«, sprach er, »bin der volle Sack.
Ihr Ähren seid nur dünnes Pack.
Ich bin's, der euch auf dieser Welt
In Einigkeit zusammenhält.

Ich bin's, der hoch vonnöten ist,
daß euch das Federvieh nicht frißt,
ich, dessen hohe Fassungskraft
euch schließlich in die Mühle schafft.
Verneigt euch tief, denn ich bin Der!
Was wäret ihr, wenn ich nicht wär.«
Sanft rauschen die Ähren:
»Du wärst ein leerer Schlauch,
wenn wir nicht wären.«

Jugendkalender 1958

Triticum vulgare
Gemeiner Weizen

Kolbenweizen

Kolbenweizen   *Grannenweizen*

Triticum compactum, Zwergweizen

Binkelweizen

Igelweizen

Triticum spelta, Spelz

Triticum turgidum,
Engl. Weizen

Grannenspelz

Triticum dicoccum
Emmer

Triticum monococcum
Einkorn

17

Roggen – unser traditionelles Brotgetreide *(Secale)*

Roggen wächst im heißen Klima Asiens als Unkraut unter dem Weizen und in dieser Rolle ist er ihm vermutlich auch in nördlichere Gegenden gefolgt. Dort, unter härteren Lebensbedingungen, hat er sich dann selbständig gemacht und Gleichberechtigung erlangt.

1939 nährten sich 100 bis 150 Millionen Menschen in Nordeuropa und Russland von Roggen, allein jeder Deutsche verbrauchte im Jahr 110 kg davon. Der Roggen hatte in Deutschland von allen Getreidearten die größte Bedeutung, er wurde daher auch als »unser Korn« bezeichnet.

Anbau und Verarbeitung: Infolge seiner Anspruchslosigkeit sowie Anpassungsfähigkeit an Boden und Klima gedeiht Roggen auch auf schlechtem Boden und bei rauerem Klima. Die bis über 2 Meter hohen Halme tragen lange und breit gedrückte Ähren. Die Roggenkörner sind im Gegensatz zum Weizenkorn dünn, lang, von graugrüner Farbe und ohne Glanz.

Gesundheit: Roggenkost steigert die Eisenwerte im Blut erheblich, und sein hoher Kaliumgehalt schützt unsere Leber!

In der Küche: Roggenmehl benötigt für einen geschmeidigen Teig mehr Flüssigkeit als andere Mehlsorten. Die Ursache dafür ist das große Bindungsvermögen von Roggen: Er kann mehr Wasser einschließen. Roggen schließt sich langsamer auf, was dazu führt, dass man den Teig länger kneten muss. Des Weiteren ist Roggengebäck nicht so locker wie z.B. Weizengebäck.

Ähren

Es fielen zwölf Körner Roggen abseits vom Feld auf den Rain.
Der Boden war hart und trocken; sie krallten sich tüchtig ein!

Bald standen zwölf gold'ne Ähren, vom Darben nicht etwa verarmt,
die nutzlos verkommen wären, hätt nicht sich der Bauer erbarmt.

Ein Bauer vom alten Schlage, dem Ernte noch Gottesamt,
voll Furcht, dass am Jüngsten Tage er wegen Verschwendung verdammt!

Im Hof in der Abfalltonne verfault eine Scheibe Brot. –
Das waren zwölf Ähren voll Sonne, gewachsen wider die Not!

Karl Emmert

Hafer

(Avena sativa)

Das europäische Urgetreide. Vor der Motorisierung war Hafer sozusagen das Benzin: Als Futter für Transport- und Militärpferde war er unerlässlich. An vielen Börsen gehörten daher Haferspekulationen zu den häufigsten Geschäften.

Herkunft: In den altertümlichen Getreidefunden taucht Hafer nie in Reinform auf. Daraus lässt sich schließen, dass Hafer als Beigras auf Gersten- und Weizenfeldern wuchs. Bereits um ca. 5000 v. Chr. wurde Hafer in Polen und der nördlichen Schwarzmeerregion als Nutzpflanze angebaut. Bis er bei uns in Mitteleuropa genutzt wurde, vergingen noch 2600 Jahre, im Hochmittelalter jedoch war er eine bedeutende Feldfrucht in den Mittelgebirgslagen und verlor seine Stellung erst durch den Einzug der Kartoffel. Noch 1939 rangierte Hafer in der weltweiten Bedeutung der Getreidearten nach Weizen und Mais an dritter Stelle. Heute ist der Haferanbau in Deutschland gegenüber den anderen Getreidearten von untergeordneter Bedeutung.

Anbau und Verarbeitung: Hafer gehört zu der Familie der Süßgräser (Poaceae). Die Pflanze wird 0,6 bis 1,5 Meter hoch. Hafer unterscheidet sich von unseren anderen Getreidearten in der Form des Fruchtstandes. Dieser ist als Rispe und nicht als Ähre ausgebildet.

Hafer bevorzugt ein gemäßigtes Klima mit hohen Niederschlägen. Seine Ansprüche an den Boden sind gering. Hafer wird nur als Sommerform angebaut und im Frühjahr ausgesät. Die Ernte findet ab Mitte August statt. Unter den Getreidearten gilt Hafer als »Gesundungsfrucht«, da sich viele Getreideschädlinge in ihm nicht vermehren. Die Durchschnittserträge stagnieren bei ca. 50 dt/ha, da Hafer züchterisch kaum bearbeitet wird. Die Haferkörner wachsen auf einem rispenförmigen Fruchtstand und sind fest von den Spelzen umschlossen. Durch den Drusch lassen sie sich nicht voneinander trennen. Für die Verwendung der Haferkörner müssen die Spelzen entfernt werden, als Futtergetreide können sie am Korn bleiben. Neben den bespelzten Hafersorten gibt es auch »Nackthafer« ohne Spelzen. Seine Erträge sind jedoch geringer.

Gesundheit: Ernährungsphysiologisch ist Hafer die hochwertigste Getreideart, die in Mitteleuropa angebaut wird. Seine besonderen Inhaltsstoffe sind Pantothensäure, Eiweiß, Kieselsäure, Kalzium, Phosphor, Magnesium, Mangan, Zink, Eisen, Fluor sowie die Vitamine B_1, B_2, B_6, E und H. Sein hoher Fettgehalt (davon 80 Prozent ungesättigte Fettsäuren) und seine leichte Verdaulichkeit steigern unsere geistige und körperliche Leistungsfähigkeit. Er ist ein Volksheilmittel und sollte viel öfter auf dem Speiseplan stehen. Indem die Körner entspelzt und nicht geschält werden, bleiben die Vitamine der äußeren Kornschicht erhalten.

In der Küche: Allerdings sind die Körner infolge des geringen Kleberanteils kaum zur Herstellung von Brot geeignet. Für die Herstellung von Haferflocken werden die Körner zuerst entspelzt, geschält, anschließend gedarrt und dann gewalzt. Haferflocken können roh oder gekocht verzehrt werden, jedoch liebt es der Hafer, wenn er im Liegen verdaut wird. Sonst sticht einen der Hafer! In der Mühle bekommen Sie auch Hafergrütze oder Hafermehl – eine wunderbare Beimischung beim Brotbacken.

Gerste

(Hordeum)

Herkunft: Ursprungsgebiete der Gerste sind der Vordere Orient und die östliche Balkanregion. Die ältesten Nachweise gehen auf 10 500 v. Chr. zurück. Ab 7000 v. Chr. begann die systematische Zuchtauswahl. Seit der Jungsteinzeit findet in Mitteleuropa Gerstenanbau statt. Im Mittelalter war Gerste nur in kühlen Regionen von Bedeutung. Seit Anfang des 20. Jahrhunderts wird Gerste als ertragreiches Viehfutter geschätzt.

Anbau und Verarbeitung: Gerste gehört zur Familie der Süßgräser (Poaceae). Die Pflanze wird 0,7 bis 1,2 m hoch und gedeiht am besten auf tiefgründigen, gut durchfeuchteten Böden. Sie kommt aber auch mit ungünstigen Bedingungen zurecht. Gerste zählt zu den Selbstbefruchtern. Der Fruchtstand der Gerste ist eine Ähre mit langen Grannen. Die Ähren sind im reifen Zustand geneigt bis hängend. Sie werden anhand ihrer unterschiedlichen Ähren in zwei- oder mehrzeilige Formen unterteilt. Beim Anbau wird zwischen Winter- und Sommergerste unterschieden. Wintergerste ist ertragreicher und wird im September gesät. In der Regel eröffnet die Wintergerste die Getreideernte. Die Aussaat der Sommergerste erfolgt im Frühjahr. Sie reift in weniger als 100 Tagen heran und benötigt deutlich mehr Wärme als die Wintergerste. Die Ernte erfolgt bei Gelb- oder Vollreife. Je nach Standort liefert Wintergerste zwischen 50 bis 90 dt/ha, Sommergerste liegt bei 40 bis 60 dt/ha.

Gesundheit: Gerstenschleim hilft bei Magen- und Darmerkrankungen. Des Weiteren wirkt er durch seinen hohen Kieselsäuregehalt vorbeugend bzw. lindernd bei Bindegewebsschwäche, Bandscheibenleiden, Gelenkerkrankungen sowie Krampfadern. Verwendung findet die Gerste als Rollgerste für Eintöpfe, als Mehl im Brot und als Braugerste zur Malzherstellung.

In der Küche: Ohne diese älteste aller Getreidearten müssten wir heute auf Whisky und Bier verzichten. Gerstenmalz ist die Grundsubstanz zur Erzeugung dieser Getränke.

Kamut

Eingetragene Handelsmarke eines altertümlichen Weizens, der seit 1990 namensrechtlich geschützt ist. Er ist ein alter Verwandter des modernen Hartweizens und sein eigentlicher Getreidename ist Khorasanweizen. Kamutkörner sind fast doppelt so groß wie Weizenkörner, das Hauptanbaugebiet ist Nordamerika und Südeuropa. Kamut enthält wie alle Weizensorten Gluten, es wird von manchen aber besser vertragen. Andere wiederum bekommen Blähungen davon.

Verbietet den Reichen wie den Armen, unter Brücken zu schlafen,
auf den Straßen zu betteln oder Brot zu stehlen.

Anatole France

Pseudogetreide (glutenfrei)

Pseudogetreide sind botanisch gesehen keine Gräser. Sie besitzen kein Klebereiweiß Gluten, da sie zu den sogenannten Körnerfrüchten gehören, sind dafür aber sehr Stärke- und Mineralstoffreich.

Außer zur Herstellung von Fladen sind sie zum Brotbacken nicht geeignet. Für Zöliakiekranke (Glutenunverträglichkeit) sind sie ein idealer Getreideersatz.

Amaranth

(Amaranthus)

Es gibt an die 70 verschiedene Arten von dieser Gattung, die auf der ganzen Welt (bis auf die Antarktis) verbreitet ist. Die größte Artenvielfalt (38) findet sich in Amerika. Amaranth zählt zu den ältesten Nutzpflanzen der Menschheit, man verwendet vor allem die Samen, die Ähnlichkeit mit Hirse haben. Kiwicha, so wurden sie von den Mayas genannt, waren neben Quinoa und Mais das Grundnahrungsmittel der Azteken und Inka. Im 16. Jahrhundert verboten die Spanier dieses Korn unter Todesstrafe, dadurch kam es zu einer allgemein schlechten Versorgungslage, die mitverantwortlich am Tod von Millionen Indios war. Diese seit Jahrhunderten fast völlig vergessene Pflanze ist anspruchslos und kommt mit relativ wenig Wasser aus.

Amaranth hat einen höheren Eiweiß- und Mineralstoffgehalt als die meisten anderen Getreidesorten. Die Proteine bestehen zu einem hohen Anteil aus essenziellen Aminosäuren, der Calcium-, Magnesium-, Eisen- und Zinkgehalt ist sehr hoch. Allerdings enthält Amaranth bestimmte Gerbstoffe, die die Aufnahme und Verdauung von Vitaminen und Proteinen sowie Spurenelemente hemmen. Roher, unbehandelter Amaranth sollte daher nicht von Kindern gegessen werden, alternativ gibt es ihn aber gepufft oder speziell verarbeitet. Gepuffter Amaranth im Gebäck gibt eine besonders zarte und lockere Konsistenz mit süßlichem, leicht nussigem Geschmack.

In der griechischen Mythologie ist Amarantos eine ewig blühende Blume, gut versteckt bei den Göttern. Derjenige, dem es gelingt, sie zu finden, wird der Mythologie zufolge unsterblich!

Buchweizen

(Fagopyrum)

Ein Knöterichgewächs, das seine Heimat in Mittelasien hat. Buchweizen wurde bereits in der Jungsteinzeit kultiviert und ist somit das älteste Getreide. Bei uns auch als Schwarzplenten bekannt. Seine Inhaltsstoffe sind Eisen, Phosphor, Kalium, Magnesium, Fluor und auch Kieselsäure. An Vitaminen enthält er besonders B_1, B_2, B_6 und viel Lezithin. Im Gegensatz zu Getreideeiweiß hat Buchweizen einen hohen Anteil an Lysin. Leichte Verdaulichkeit zeichnet ihn aus. Als Zusatz im Brot wirkt er geschmacksverstärkend.

Hirse

(Sorghum, Panicum, Pennisetum)

Anbau und Verarbeitung: Die Hirsekolben und -rispen (die im Garten auch eine besondere Zierde darstellen) werden geerntet, wenn sie sich gelb färben. Sie sollten noch etwas nachreifen und werden dann ausgeschlagen. Das Schälen der Körner bereitet ein paar Schwierigkeiten. Sie können aber die Körner auch keimen lassen und im Winter als Grüngras oder Sprossen verwenden, oder Sie mahlen Ihr Getreide und sieben die Spelzen unter Hineinblasen aus. Wenn Sie dazu keine Lust haben, können Sie die ganzen Fruchtstände im Winter den Vögeln geben, sie freuen sich sicherlich über diese ungewöhnliche, gesunde Gabe.

Gesundheit: Hirse enthält mehr hochwertiges Eiweiß als Weizen, Reis und Mais. Ihre Inhaltsstoffe sind außerdem Kieselsäure, Magnesium, Kalium, Phosphor, Fluor und Eisen. Ihr Aroma kommt von der Kieselsäure, sie enthält viel Vitamin B und Mineralstoffe und Eisen. Von allen Getreidesorten enthält Hirse die meisten Mineralstoffe, was sich positiv auf unser Knochengerüst auswirkt. Hirse findet Verwendung gegen Haarausfall, brüchige Nägel oder auch zur Erhöhung der Sehkraft. Hirse ist unser basenreichstes Getreide.

In der Küche: Vollkorngebäck wird mit einem Anteil von Hirse schön knusprig. Sie könne Hirse auch anstelle von Reis verwenden – vom süßen Auflauf bis zum pikanten »Hirsotto«. Allein zum Backen ist Hirse etwas schwierig, da sie kein Gluten enthält. Dafür ist sie leicht verdaulich.

Braunhirse

Ungeschälte Hirse in Wildform, wird meist als Mehl angeboten. Sie ist gut für Verdauung und Darm und hat sich bei so mancher Krankheit der Knochen bewährt.

Im Rohzustand verzehrt, zählt diese Hirse zu den basenbildenden Getreidesorten und beugt somit der Übersäuerung und der Entmineralisierung vor. Sie ist reich an Kieselsäure (550 mg/100 g) und Vitaminen der B-Gruppe. Zum Brotbacken muss unser Magenfreund mit anderen kleberreichen Mehlen gemischt werden, einfach ein paar Löffel Mehl bis zu 20 Prozent austauschen.

Mais *(Zea mays)*

Ursprünglich war Mais das Getreide der Völker Nord- und Südamerikas, wo er den Indios als Grundnahrungsmittel diente. Heute wird er meist nur noch als Viehfutter verwendet, neuerdings als Kraftstoff für die Biogasanlagen. Dabei ist Mais, wenn er zusammen mit Bohneneiweiß verzehrt wird, hochwertiger als Fleischeiweiß.

Mais enthält keinen Kleber, deshalb ist Maismehl nur bedingt zum Backen geeignet. Wir verwenden ihn als Maisgrieß für Polenta oder gekocht, mit Butter und Salz, als Kukurutz.

Nach einer Legende der Mayas verschwand die Sonne abends nicht einfach vom Horizont, sondern ging sich in die Maiskolben verstecken. So wurden diese gelb wie die Haare der Mayamädchen.

Reis *(Oryza)*

Das Hauptgetreide in tropischen Zonen. Das Reiskorn hat zwei Schalen: die harte Hülse und das Silberhäutchen, in dem sich Eiweiß, Fett, Ballaststoffe B-Vitamine und Mineralstoffe befinden. Reis ist stark entwässernd und damit für alle Diäten gut geeignet, wertvoll bei Nierenerkrankungen, Rheuma, Ödemen sowie Herz- und Gefäßleiden. Reismehl eignet sich zum Andicken von Suppen und Soßen.

Neue Trendgetreide

Jedes Jahr werden neue Getreidesorten gesucht und vergessene wieder ausgegraben, um sie anschließend mit viel Lärm zu vermarkten. Eigentlich ist der Getreidemarkt ja bereits erschlossen – die zunehmenden Allergien allerdings öffnen neuen Nischengetreidesorten Tür und Tor.

Hier ein paar Beispiele:

■ **Pharaonenkorn:** Diese Urform des heutigen Hartweizens weist einen hohen Anteil an ungesättigten Fettsäuren auf. Zudem enthält das Pharaonenkorn leicht verdauliche Kohlenhydrate sowie hochwertiges Eiweiß. Aus diesem Grund wird es auch als »Hochenergiegetreide« bezeichnet.

■ **Sorghum:** Grundnahrungsmittel in Asien und Afrika.

■ **Teff:** verbreitet in Äthiopien. Bei uns neu auf dem Markt.

■ **Canihua:** Sie ist eine Saat aus Peru. Die Körner sind winzig klein und übertragen ihre schokoladenbraune Farbe auf das Brot.

Warum nehmen die Allergien auf Grundnahrungsmittel zu?

Natürlich bin ich Müllerin und keine Medizin-Expertin auf dem Gebiet der Lebensmittelallergien. Durch überliefertes Wissen und jahrelange Erfahrung komme ich jedoch zu meinen eigenen Schlüssen.

Heute wird viel Geld für Forschung ausgegeben, aber leider konzentriert sich die Züchtung der Getreidesorten auf Eigenschaften wie gute Brennwerte (Getreide als Heizmaterial für Biogasanlagen) statt auf das Ziel, Lebensmittel herzustellen, die möglichst verträglich sind.

Eine Folge: Das Getreide ist heute häufig überzüchtet. Weil der Anspruch an den Ertrag pro Quadratmeter wächst, muss das Getreide unter Stress wachsen. Zur Beschleunigung werden Dünger und Pflanzenschutzmittel eingesetzt.

Weiter geht es mit der Verarbeitung: Früher wurde das Getreide in Bündeln aufgestellt. Dabei fand eine Veredelung der Inhaltsstoffe aus dem langen Halm ins Getreidekorn statt – auch dafür bleibt heute keine Zeit mehr.

Und letztlich wird bei der Teigzubereitung ein Cocktail aus Zusatzstoffen, auch Backzutaten genannt, zugesetzt, um unser Brot haltbarer, röscher, farblich attraktiver zu machen.

Bei einem selbst gebackenen Brot hingegen entscheiden Sie selbst über Zutaten und Qualität. Und auch wenn es nicht ganz so schnell geht wie ein Griff ins Supermarktregal – die Zeit lohnt sich!

Übrigens: Rohes Getreide, z.B. als Frischkornbrei genossen, sollten alle, die eine Gräserpollenallergie haben, meiden!

Getreideunkräuter

Ihre Schönheit blendet, denn häufig sind diese Konkurrenzpflanzen ein erhebliches Problem auf den ertragsorientierten landwirtschaftlichen Feldern. Sie nehmen den Nutzpflanzen Nährstoffe, Licht und Wasser, reduzieren den Ertrag und erschweren eine maschinelle Ernte. Das Artenspektrum ist unabhängig von der jeweiligen Kulturpflanze. Getreideunkraut entsteht, wenn die letzte Unkrautbekämpfung durch Eggen oder Herbizide im Herbst oder Vorfrühling erfolgt ist. Die Getreideunkräuter sind meist einjährige Pflanzen und gut an den Jahresrhythmus der Getreidearten angepasst.

Kräuterlandschaft

Unsere Landschaft wird von einem Netz aus Hacken, Feldsäumen und Wegrainen durchzogen, das insgesamt auf eine Länge von 2,5 Millionen Kilometer und auf eine Fläche von 1,7 Millionen Hektar geschätzt wird. Hier wachsen typische ein- oder mehrjährige Kräuter, die auch heute noch als Tees oder als Bestandteil von Medikamenten für unsere Gesundheit von großer Bedeutung sein können. Auskennen muss man sich hierfür aber schon, denn einige davon sind auch giftig!

Kräuter sind die Nahrungsgrundlage für Insekten, die Pollen und Nektar sammeln, oder Raupen, die sich von den Blättern ernähren. Viele dieser Insekten sind nützlich, zum Beispiel der Marienkäfer oder die Schwebfliege. Sie fressen schädliche Insekten, die im Feld leben, und tragen so zum biologischen Gleichgewicht bei. Wildbienen sind wichtige Blütenbestäuber, der Ertrag auf einem bestäubten Feld ist höher. Je breiter die Säume sind, desto höher die Artenvielfalt und Individuenzahl der hier lebenden Tiere.

Einige Kräuter, die an Weg und Feld wachsen: Johanniskraut, Rainfarn, Wiesen-Flockenblume, Wilde Malve, Wilde Möhre, Echte Kamille, Gemeine Möhre, Gemeiner Natternkopf, Gemeine Schafgarbe, Gemeine Wegwarte, Großblütige Königskerze …

Ich hätte nichts dagegen, wenn Getreide in Biogasanlagen zur Energie genutzt würde, wenn das Getreidefeld von Blumen und Kräutern durchzogen wäre.

Es ist nämlich so, dass ich eine Taubennessel nicht einen ganzen Tag betrachten könnte,
das brächte auch kein Mönch in Tibet über sich. Aber wenn ich sie male, kann ich es,
und dann weiß ich, was das ist; eine Taubennessel. Noch mehr; dann war ich viele Stunden
lang so friedlich und ehrfürchtig und glückselig wie kein anderer Mensch auf diesem Planeten.
Auf dass wir erkennen können, wie kostbar das ist: lebendiges Leben.

Aus Waggerl, Die schönsten Wiesenblumen in Wiese und Feld

Kornblume   *(Centaurea cyanus)*

Der Volksmund nennt sie auch Raa, Ragen (Niederdeutsch), Raden, Ropp´n (Bayern, Österreich), Kornnägele (Schwaben), Roggenreasl (Kärnten), Spitzbuam (Niederösterreich).

Die Pflanze wird 30 bis 100 cm hoch und trägt viele wunderschöne helllila Blüten.

Kulturhistorisch ist die Kornrade bedeutend, heute ist sie ein sehr seltenes Unkraut. Dieses schöne, aber wegen seiner giftigen Samen gefürchtete Getreideunkraut stammt wohl aus dem Mittelmeergebiet. Es ist als Kulturbegleiter bereits aus der Steinzeit nachgewiesen und konnte sich fast über die ganze Welt ausbreiten. Vom Tal steigt es bis in die höchstgelegenen Getreideäcker (im Wallis bis 1980 Meter) und blüht von Juni bis September.

Kornrade   *(Agrostemma githago)*

Auch bekannt als Kornnägeli (Schwaben), Kornfresser (Schwäbische Alb), Tabaksblume, Hunger (Braunschweig),Blaumützn (Hannover), Herrgottskrönli (Baden), Troadveigl (Niederösterreich).

Ihren Namen hat die Kornblume durch ihre auffallend hellblauen Blüten erhalten. Die Pflanze wird 10 bis 70 cm hoch.

Schon in grauer Vorzeit hat sich die Kornblume aus den Steppen des östlichen Mittelmeergebietes mit dem Getreideanbau über ganz Europa ausgebreitet und ist jetzt weltweit verschleppt. Die Kornblume galt früher als Ackerunkraut und wurde als solches so erfolgreich bekämpft, dass sie heute fast ausgestorben ist. Daher steht sie inzwischen unter Naturschutz.

Sie liebt leichte, sandige Böden und blüht von Juni bis September vor allem im Wintergetreide, seltener in Rotklee-, Kartoffel- und Rübenfeldern, an Wegen und Bahndämmen. In natürliche Pflanzengesellschaften vermag sie bei uns nicht einzudringen.

Durch Massenentwicklung wird die Kornblume oft zum lästigen Unkraut, dafür gibt sie eine gute Bienenweide. Als Heilpflanze hilft sie bei Augenkrankheiten, Haut- und Verdauungsproblemen.

Klatschmohn

Im Volksmund auch bekannt als Wilder Mohn, Feldmohn, Kornrose, Flatterrose (Hessen), Feuerrose (Rheinland), Blutrose (Bayern), Schneller (Schwaben), Puppele (Baden), Madämele (Elsass).

Der Klatschmohn – vom Botaniker prosaisch als Getreideunkraut eingestuft – entfaltet im Frühsommer in Massenbeständen eine für unsere bescheidene Pflanzenwelt ungewohnte Pracht. Die vier Blütenblätter, zart knisternd wie feinstes Seidenpapier, besitzen das Scharlachrot tropischer Vogelblumen. Er liebt nährstoffreiche, warme Lehmböden, außer in Getreideäckern wächst er auch auf Schuttplätzen und an Wegrändern, am Südalpenrand (Gardasee) oft massenhaft unter Olivenhainen. Durch Samenfunde ist er als Kulturbegleiter bereits aus der Jungsteinzeit nachgewiesen und die alten Ägypter gaben ihren Toten Klatschmohnblumen mit ins Grab.

Nutzung als Heilpflanze: Husten, Bronchitis und Schnupfen

Wert für Tiere: seine Blüte – Schwebfliegen und Wildbienen, seine Blätter, Stängel und Wurzel – Mohnwurzelrüssler

Getreideschädlinge

Beißende und saugende Insekten können das Getreide auf verschiedenste Art und Weise schädigen. Getreide ist für Insekten und Milben, aber auch für Nagetiere und Vögel eine begehrte Nahrungsquelle. So können zum einen Mengenverluste entstehen und zum anderen Verunreinigungen, durch die Keime und Krankheitserreger übertragen werden. Neben Getreideschwund und Keimvermehrung können Getreideschädlinge auch die Schmackhaftigkeit des Futters mindern und allergische Reaktionen im Magen-Darm-Trakt der Tiere auslösen. Sind Schäden einmal angerichtet, können sie nicht rückwirkend korrigiert werden. Die Erkennung der Vorratsschädlinge und die Kenntnis ihrer Lebensweise ist die Vorbedingung für ihre erfolgreiche Bekämpfung.

Das Mutterkorn

Das Mutterkorn ist eine besondere Krankheit des Roggens.

Aus seinen Ähren wachsen bis zu vier Zentimeter lange, wenig Millimeter breite, dreikantige, blauschwarze Körner. Die Krankheit wird durch einen Pilz hervorgerufen, der die Roggen- und zuweilen auch Weizenpflanzen zur Blütezeit befällt und den Fruchtknoten zerstört. Das zu einem Knollen verdichtete Pilzgewebe trocknet zu einer hornartigen Masse – dem Mutterkorn.

Gelangt Mutterkorn ins Mehl, dann kann der Genuss von Backwaren aus diesem Mehl zu schweren Erkrankungen führen. Das Mutterkorn enthält ein starkes Gift, das aber auch in der Heilkunde Verwendung findet. Früher war es beispielsweise ein Wehen treibendes Mittel.

Mutterkorn wird bei der Mühlenreinigung entfernt.

Die Mehlmilbe

Mehlmilben sind 0,3 bis 0,5 mm groß und nur mit der Lupe zu erkennen. Sie befallen vor allem Getreide und Mehl, das zu feucht und warm gelagert wird. Beim Fressen erzeugen sie feine Staubteilchen, die sich in den Lagerbehältern ansammeln und beim Umschütten sichtbar werden. Ist der Befall noch gering, können Sie die Schädlinge durch Erhitzen auf über 70 °C und anschließendes Absieben entfernen. So erhitztes Getreide sollten Sie nur noch zum Kochen und Backen verwenden.

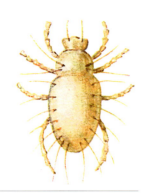

Die Mehlmotte

Merkmale: Die bleigrauen, auf den Vorderflügeln mit dunkleren Zickzackbinden gezeichneten Falter werden 10 bis 14 mm lang. Tagsüber sitzen sie meistens ruhig an Wänden, in der Dunkelheit fliegen sie umher. Kurz nach der Begattung legt das Weibchen 50 bis 300 etwa 0,3 mm lange, weiße, ovale Eier in Ritzen, dunkle Winkel, offene Tüten ab. Daraus schlüpfen nach 7 bis 14 Tagen winzig kleine Raupen, die dunkle und Nahrung bietende Orte aufsuchen.

Wie alle Schmetterlinge durchläuft die Mehlmotte vier Entwicklungsstufen: vom Ei zur Raupe über die Puppe zum Falter. Die Eiablage beginnt bereits im April!

Erkennung: Einen Befall erkennen Sie an den seidenartigen Fäden, die in den ersten Tagen des rastlosen Umherwanderns fortwährend gesponnen werden. Die Winzigkeit dieser Raupen erklärt auch ihr Eindringen in anscheinend fest geschlossene Behälter und Packungen. Die Dauer ihrer Entwicklung ist von der Menge und Güte der vorhandenen Nahrung und der Wärme abhängig. Sie erlangen nach etwa 58 Tagen die volle Größe. Sie spinnen dann an einem höher gelegenen Ort einen Kokon, in dem sie sich in 28 Tagen von einer hellbraunen Puppe in einen Falter verwandeln. Die meisten Eier werden in den ersten Tagen als Falter abgelegt.

Bekämpfung: Feng Shui in den Regalen, also alles gut verschließen und regelmäßig die Schränke und Schubläden komplett kontrollieren – denn Motten lieben nicht nur Mehl, sondern auch Mehlwaren, Müsli, Gebäck, Getreide, Grieß und Schokolade (am liebsten mit Nüssen). Wenn nichts anderes zur Verfügung steht, begnügen sie sich auch mit Trockenobst, Gewürzen und sogar Holz.

Im Handel gibt es Köderfallen für die Männchen – so können Sie vorsorglich verhindern, dass es überhaupt zur Begattung kommt. Haben Sie bereits Mottenbefall feststellen müssen, können Sie den Schädlingen sogenannte Nützlinge entgegensetzen und sie auf natürliche Art mit Schlupfwespen bekämpfen. Diese erhalten Sie in Fachgeschäften oder über das Internet (z.B. unter www.nuetzlinge.de oder www.aries-online.de).

Der Kornkäfer

Der **Kornkäfer** ist der am häufigsten auftretende Getreideschädling.

Merkmale: Er ist 3,5 bis 4,5 mm lang, einfarbig dunkelbraun bis schwarz und nicht flugfähig. Sein Kopf hat eine rüsselförmige Verlängerung und gebogene Fühler, deren letzte Glieder eine keulenförmige Verdickung bilden. Der Halsschild weist neben einer glatten Mittellinie grobe, lang gestreckte Grubenpunkte auf. Die Flügeldecken zeigen zwischen tief punktierten Längsstreifen erhabene, glatte Zwischenräume.

Das Weibchen legt seine 100 bis 200 Eier einzeln in winzige Löcher, die es mit dem Rüssel in die Getreidekörner bohrt. Nach wenigen Tagen gehen daraus die im Inneren des Korns lebenden Larven hervor. Am häufigsten werden Weizen und Roggen befallen. Durch die Atmung der Tiere werden die Körner leer und feucht – dies fördert die Verschimmelung. Die Larve verbraucht im Verlauf ihrer Entwicklung den gesamten Inhalt des Getreidekorns, in dessen leerer Schale die Verpuppung erfolgt. Die Puppe bleibt so lange im Korn, bis sich aus ihr wieder ein Käfer entwickelt hat. Im Allgemeinen finden vier Bruten im Jahr statt. Die im Herbst aus der letzten Brut hervorgehenden Käfer überwintern in Wandspalten, Ritzen im Boden und überall, wo es dunkel und ruhig ist.

Erkennung: Stark befallenes Getreide ist nicht nur für den menschlichen Genuss ungeeignet, sondern auch als Viehfutter oder als Saatgetreide.

Bei Getreide mit Löchern ist also Vorsicht geboten. Zur Kontrolle können Sie eine Handvoll Körner auf ein weißes Blatt schütten. Wenn Ihnen Käfer entgegenlaufen, können Sie sofort alles den Hühnern geben – natürlich nur, wenn kleine Mengen befallen sind.

Bekämpfung: Sollten sich nur vereinzelte Löcher finden, frieren Sie das Getreide am besten ein – so verhindern Sie eine Vermehrung, denn Kälte ist der natürlichste Wachstumsverzögerer. Das Getreide können Sie dann immer direkt aus dem Gefrierschrank verarbeiten.

Wenn ich nur Brot habe, ist es ein Leichtes,
die Russen zu schlagen.

Napoleon Bonaparte

Getreideernte heute

Wenn wir einen Traktor mit großem Anhänger in Richtung Felder fahren sehen, wissen wir, dass die Ernte beginnt. Die Landwirte müssen das gute Wetter ausnutzen, um ihr Korn zu ernten. Die großen Mähdrescher sind schon von Weitem zu sehen. Zuerst schneiden sie die Getreidehalme ab. Im Inneren der Maschine werden die Körner aus den Ähren geschlagen, das sogenannte Dreschen. Die Körner werden im Korntank gesammelt und kommen später durch ein Rohr auf den Anhänger. Die abgemähten Getreidehalme, das Stroh, bleiben zunächst auf dem Feld liegen und werden später zu großen Ballen gepresst. Die Körner werden auf dem Hof im Getreidespeicher gelagert und später an eine Mühle verkauft.

Getreideernte früher

Während der Hausvater und sein fein ungeschickter Knecht, die Hausmutter und ihr flinker Franzel die Garben schneiden, binden und hübsch gleichzeitig auf die Stoppeln legen, trägt der Rocherl sie zusammen in »Hüfeln«. An diesem ersten Tage haben wir mehr als zweihundert Garben geschnitten, die nun in schütteren Reihen dalagen wie auf der Bahre, manch noch mit der leuchtenden Mohnblume geschmückt oder der bläulich rot schimmernden Kornrade. Als es dunkel wurde und das Gras schon kühl und feucht war zwischen den Stoppeln, da sind die anderen in den Hof gegangen, um dort ihre häuslichen Arbeiten zu verrichten. Der Hausvater und ich sind auf dem Felde geblieben, um aus den Garben die »Deckeln«, je zu sechs, aufzustellen. Er stellt je fünf Garben auf den Kopf, sodass sie mit ihren Ähren aneinanderlehnen wie Gewehrpyramiden im Soldatenlager. Dieweilen ich diese festhalte, dass sie nicht umfallen, biegt der Adam aus der sechsten Garbe den »Hut«, eine Art Helm, den er dann aufstülpt. So wird das Schöberchen von diesem Hute zusammengehalten und bei Regenwetter vor Nässe geschützt. Die Tropfen sickern nicht durch, sondern gleiten an den zu allen Seiten niederhängenden Halmen nach außen hinab. So lässt man nun diese »Deckeln« etliche Tage in der freien Sonne stehen und trocknen, dann kommt der Leiterkarren, auf dem die Garben in hohen »Triften« zur Scheuer geheimt werden.

Du hast dein Lebtag schon so viel Überflüssiges gelernt, mein Doktor, Professor und Philosoph, dass dir dieser eingehende Unterricht über eine Kornernte im Gebirge kein besonderes Bedenken zu verursachen braucht. Wenn du dir alle diese Garben einprägst, so wirst du zwar viel Stroh im Kopfe haben, aber auch viel Ähren!

Peter Rosegger

Der Müller
und das Mehl

Vom Korn zum Mehl

Naturgemäß haben die meisten Menschen, die sich nicht gewerblich mit der Müllerei befassen, also müllerische Laien, von der eigentlichen Gewinnung des Mehls aus dem Getreide eine äußerst lückenhafte Vorstellung. Es ist eben eine Eigentümlichkeit des Menschen, sich am wenigsten über die Dinge Gedanken zu machen, mit denen er recht häufig in Berührung kommt. Vielmehr nimmt er deren Dasein oft als gegeben hin. Wenn man bedenkt, dass jeder von uns pro Jahr gut 86 Kilogramm Brot und Brötchen verzehrt (1900 waren es übrigens noch 140 Kilogramm), lohnt es sich doch, sich mit der Mehlgewinnung zu beschäftigen.

Betrachtung der Gegenwart

In unserer industrialisierten Welt haben nur wenige der traditionsreichen alten Handwerksberufe überlebt. Der Müller gehört dazu, denn er verstand es, sich die Errungenschaften moderner Technik zunutze zu machen. Es gibt auch heute noch viele handwerkliche Mühlen, überwiegend sind es aber Industriebetriebe – einige davon mit einer Tagesleistung bis zu 1000 Tonnen!

Der durchschnittliche Pro-Kopf-Verbrauch in Deutschland liegt bei 65 Kilogramm Mehl. Die Mühlen vermahlen rund ein Drittel der deutschen Weizen- und Roggenernte, der andere Teil wird verfüttert und zunehmend für Zwecke der Energiegewinnung eingesetzt.

Diese Mengen werden von etwa 550 Mühlen gestemmt, wobei 270 Betriebe über 500 Tonnen im Jahr verarbeiten und davon 91 Mühlen über 10 000 Tonnen. Diese stellen 90 Prozent unseres Mehls her. Insgesamt sind in der Müllerei 6000 Menschen beschäftigt, davon 600 Lehrlinge.

Beim Discounter kostet ein Kilogramm Mehl oft nur 25 Cent. Dieser Preis würde derzeit nicht einmal reichen, die Kosten für den Einkauf von einem Kilo Brotweizen abzudecken. Langfristige Verträge, Missernten und Spekulationen an der Börse sind die Gründe dafür, dass der Rohstoff Getreide zurzeit oft teurer ist, als das Endprodukt Mehl. Aber auch mit höheren Preisen zählt Mehl zu den günstigsten Nahrungsmitteln in Deutschland und ist preiswerter Bestandteil einer gesunden Ernährung.

Die Anzahl der Mühlen in Deutschland hat weiter ab-, die Vermahlung allerdings zugenommen. Insgesamt wurde bei uns 2009/10 eine Menge von 8,3 Millionen Tonnen Getreide vermahlen – somit drei Prozent mehr als im Vorjahr. Von der Gesamtvermahlung in Deutschland entfielen nach Angaben des Bundesministeriums für Landwirtschaft 85 Prozent auf Weichweizen, 10 Prozent auf Roggen und 5 Prozent auf Hartweizen.

Im Wirtschaftsjahr 2009/10 wurden 270 meldepflichtige Mühlenbetriebe registriert und damit 32 weniger als im Vorjahr. 15 Betriebe fielen aufgrund ihrer geringen Vermahlung aus der Meldepflicht und 17 Betriebe haben aufgehört. In Bayern waren 2009/10 noch 77 Mühlen aktiv und vermahlten insgesamt 1,3 Millionen Tonnen. Nicht berücksichtigt sind die Mühlen mit einer Jahresvermahlung unter 500 Tonnen. Das sind die aktuellen Zahlen vom Müllerbund.

Rückblick – ein Text aus dem Jahr 1934

Bei der Einwohnerzahl Deutschlands von 65 Millionen ergibt sich für die deutsche Müllerei rechnerisch die Aufgabe, aus etwa 5,4 Millionen Tonnen Roggen und 5 Millionen Tonnen Weizen die zum Verzehr notwendige Jahresmenge von insgesamt rund 58,5 Millionen Sack Mehl herzustellen. Rechnet man nur diese, in schätzungsweise 30.000 Betrieben jährlich hergestellte Menge an Roggen und Weizenmehl in Geldeswert um, so ergibt sich bereits die stattliche Summe von rund 1,5 Milliarden RM.

Von Prof. Dr. K. Mohs, aus der Zeitschrift für das gesamte Getreide-, Mühlen- und Bäckereiwesen, Berlin Nr. 65

Mehlgewinnung – Schritt für Schritt

Die Aufgabe der Müllerei ist die Herstellung von Mehl. Hinter dieser einfachen Feststellung steckt jedoch die ganze Vielgestaltigkeit und Schwierigkeit der Vermahlung. Diese Komplexität steht im krassen Gegensatz zum landläufigen Glauben, der Müller werfe das Korn oben in eine Art Kaffeemühle hinein, um dann das fertige Mehl am unteren Auslauf einsacken zu können.

Qualitätsprüfung

Der erste Schritt ist eine Qualitätsbeurteilung des angelieferten Getreides hinsichtlich seiner später wichtigen Backeigenschaften. Dabei wird es in verschiedene Sorten gegliedert, die sich in Form, Größe und Farbe der Körner unterscheiden. Weitere Gliederungsfaktoren sind die Mahlergiebigkeit und die Backqualität. Aus schwachen Sorten können wir kein starkes Mehl mahlen. Die Kunst des Müllers liegt darin, die passenden Qualitäten zu finden, denn keine Mühle vermahlt nur eine Sorte. Laboruntersuchungen auf Proteingehalt und dessen Qualität sowie der Fallzahlwert geben uns Aufschluss auf ein zu erwartendes Backvermögen. Denn das Backen fängt beim Müller an!

Aufbau eines Getreidekorns

Die äußere Fruchtschale setzt sich aus mehreren Zellschichten zusammen:
Außen befindet sich die Oberhaut oder Epidermis, unter der die Längs-, Quer- und Schlauchzellen liegen. An die letzte Schicht der Fruchthaut schließen sich die Teile der Samenhaut, die braune Farbstoffschicht und die hyaline Membran an. Nach dieser folgt die den inneren Kern umschließende Aleuron- oder Wabenschicht.

Leider besteht nun zwischen dem eigentlichen Mehlkern und der letzten Wabenschicht kein Zwischenraum. Die Stärkekörner, aus denen sich der Mehlkern in der Hauptmenge zusammensetzt, sind vielmehr so stark an die Wabenschicht angepresst, dass es einer hochentwickelten Technik und der müllerischen Kunst bedarf, um sie von der Schale abzulösen oder zu trennen.

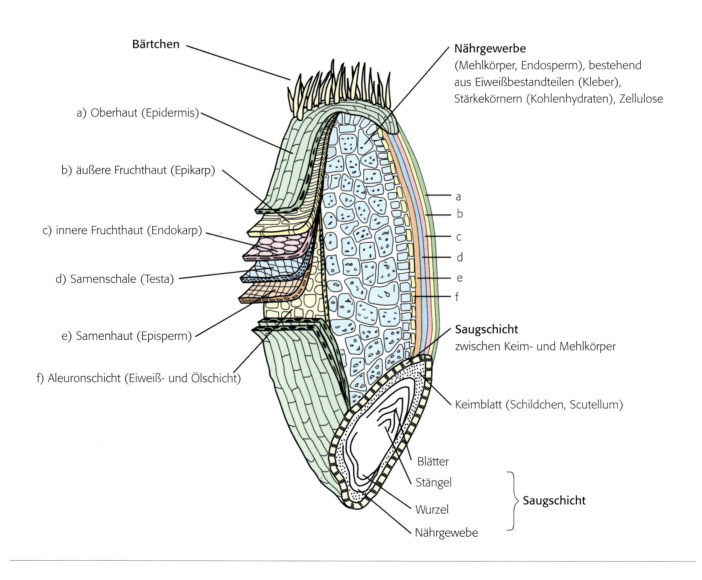

Bärtchen

a) Oberhaut (Epidermis)

b) äußere Fruchthaut (Epikarp)

c) innere Fruchthaut (Endokarp)

d) Samenschale (Testa)

e) Samenhaut (Episperm)

f) Aleuronschicht (Eiweiß- und Ölschicht)

Nährgewerbe
(Mehlkörper, Endosperm), bestehend aus Eiweißbestandteilen (Kleber), Stärkekörnern (Kohlenhydraten), Zellulose

a
b
c
d
e
f

Saugschicht
zwischen Keim- und Mehlkörper

Keimblatt (Schildchen, Scutellum)

Blätter

Stängel

Wurzel

Nährgewebe

Saugschicht

Trennung und Reinigung des Korns

Diese Trennung beruht bis heute auf dem Prinzip der Zerkleinerung des ganzen Korns, zunächst in einzelne kleine Stücke, die dann im Verlaufe der Vermahlung sortiert und ihrer besonderen Beschaffenheit entsprechend bearbeitet bzw. vermahlen werden.

Der Müller vermahlt sein Getreide nicht so, wie er es vom Felde angeliefert bekommt, sondern unterwirft es erst einmal einer gründlichen Reinigung. Dabei läuft es zunächst über Maschinen, die alles entfernen, was nicht einwandfreies Grundgetreide ist: Strohhalme, Ähren, größere Steine, Maiskörner, Unkrautsamen, Ackererde, Staub und Sand. Ausgelesen werden auch Metallteilchen und Unkrautsamen in der gleichen Größe der Getreidekörner wie Raden, Wicken, Flughafer, wilder Knoblauch usw. Dann geht es an das Reinigen des Getreidekorns, genauer gesagt des Kornspaltes. Der Kornspalt ist die Furche im Getreidekorn. In ihm ist noch viel Staub und Schmutz, der mechanisch ausgebürstet wird.

Man sieht, dass sich der Müller viel Mühe gibt, um sein Mahlgut in sauberer Form zur eigentlichen Vermahlung zu bringen. Er rüttelt's und schüttelt's, netzt es, schält und bürstet es und früher hat er es auch noch gewaschen und bespitzt. Er vermahlt Getreideproben und untersucht ihre Mahl- und Backeigenschaften sorgfältig, um optimale Qualitäten zu sichern. Wichtig ist auch das Netzen: Dabei bringt der Müller die Schale in einen bestimmten Feuchtigkeitszustand, der verhindert, dass diese vorzeitig zerfällt – so kann der Müller möglichst viel stippenfreies Mehl, also Mehl mit wenig Schalenanteil, mahlen.

Vermahlung des Korns

Der Weg der Reinigung scheint zeitintensiv und maschinell aufwendig – dem Eingeweihten gilt er jedoch als sehr einfach. Viel länger und komplizierter ist der Weg, den das Getreide oder die sich aus ihm ergebenden Produkte während der nun folgenden Vermahlung durchlaufen müssen.

Die Müllerei verwendete bis vor 100 Jahren zwei übereinandergelagerte Mahlsteine, von denen sich einer drehte. Heute benutzt man hauptsächlich Walzenstühle – Maschinen, in denen das Korn durch zwei aus gehärtetem Stahl bestehenden Walzen gezogen bzw. getrieben wird. Die Walzen der Schrotstühle sind mit Riffeln versehen, die in einem bestimmten Winkel zur Walzenachse über die Oberfläche laufen. Eine der beiden Walzen dreht sich ungefähr zweieinhalbmal schneller als die andere, sie besitzt also eine Voreilung. Sie ist diagonal gegen die langsam laufende Walze gelagert. Durch die Voreilung der schnellen Walze und die einen bestimmten Drall besitzenden Riffel bilden sich an der engsten Annäherungsfläche der Walzen, dem Mahlspalt, viele Schnittflächen. Diese zerschneiden das den Spalt durcheilende Korn in große Stücke.

Das Diagramm der Mühle

Um den korrekten Weg durch alle Vermahlungsmaschinen zu gewährleisten und die entstehenden Vermahlungsprodukte richtig zu führen, zeichnet der Müller einen genauen Plan der einzelnen Wege (Passagen), durch die er die Kornprodukte führen wird – dieser Arbeitsplan ist das Diagramm der Mühle. Das bisschen Technik muss man schon in Kauf nehmen, wenn man sich mit Müllerei befassen will. Ohne all diese Angaben blieben alle Erläuterungen über den Unterschied zwischen der Hoch- oder Weizenmüllerei und der Roggen- oder Flachmüllerei unverständlich. Ich lasse es aber an dieser Stelle gut sein, Sie zu einem Müller bzw., wie er sich heute nach Abschluss seiner Lehre nennen darf, zu einem Verfahrenstechnologen auszubilden.

Getreidereinigung

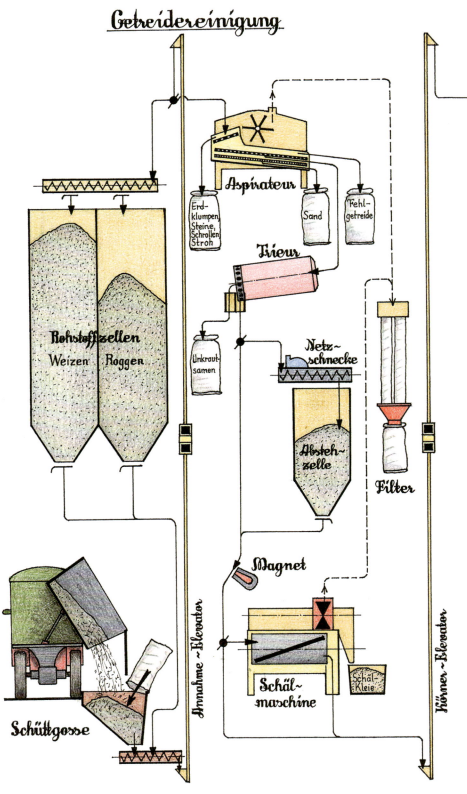

Aspirateur

Erd-klumpen, Steine, Schrollen Stroh

Sand

Fehl-getreide

Trieur

Rohstoffzellen

Weizen   Roggen

Unkraut-samen

Netz-schnecke

Absteh-zelle

Filter

Magnet

Annahme ~ Elevator

Schüttgosse

Schäl-maschine

Schäl-Kleie

Körner ~ Elevator

vom Korn zum Mehl

Vermahlung, Sichterei, Mischerei

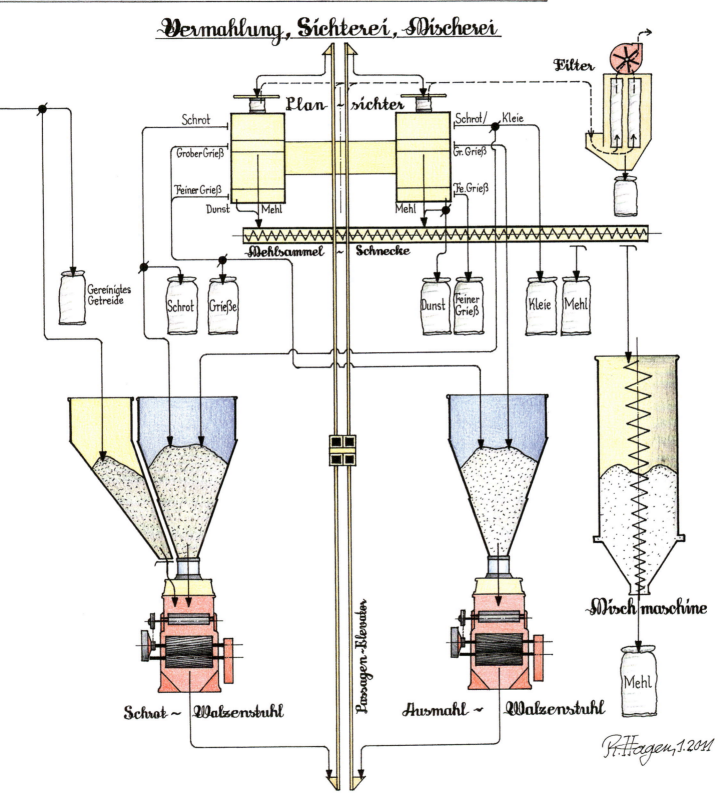

Filter

Plan — sichter

Schrot

Grober Grieß

Feiner Grieß

Dunst

Mehl

Schrot/

Kleie

Gr. Grieß

Fe. Grieß

Mehl

Mehlsammel ~ Schnecke

Gereinigtes Getreide

Schrot

Grieße

Dunst

Feiner Grieß

Kleie

Mehl

Passagen ~ Elevator

Misch maschine

Mehl

Schrot ~ Walzenstuhl

Ausmahl ~ Walzenstuhl

R. Hagen, 1.2011

Kornprodukte

Mit einem Blick auf den botanischen Aufbau des Getreidekorns ist es leicht nachvollziehbar, dass beim Zerschneiden oder Schroten die verschiedensten Produkte entstehen.

Kleie: Das Weizenkorn wird von den Walzen des ersten Schrotes meist am Spalt erfasst und in der Längsrichtung auseinandergeschnitten. Die Riffel können von der noch am Korn haftenden Haut Schalenstückchen abschürfen – damit fallen also reine Schalenteilchen an, die man in ihrer Gesamtheit »Kleie« nennt.

Schrot: Die Schrotwalzen zerschneiden das Korn an vielen Stellen gleichzeitig. So entstehen Stückchen, die aus der äußeren Schale bestehen, an der aber auch noch Teilchen des inneren Mehlkerns hängen. Dies nennt der Müller »Schrot«.

Grieß: Beim Zerschneiden des Korns in solche Schrote bricht gleichzeitig auch der zum Teil freigelegte Mehlkern in mehr oder minder große Stückchen auseinander, an denen keine Schalenteilchen haften. Diese Produkte, reine Mehlteilchen, nennt man »Grieß« und die ganz kleinen Grießteilchen Dunst.

Mehl: Die noch kleineren, sich nicht mehr grießig anfühlenden Teilchen sind dann das Mehl.

Trennung der Kornprodukte

Aus dem ersten Schrot fällt also unten ein Gemenge der verschiedensten Vermahlungsprodukte heraus: Schrot, Grieß, Dunst und Mehl. Im nächsten Schritt wird dieses Gemisch in sogenannten Plansichtern auseinandergesiebt. Sie sieben und sichten die Kornprodukte nach ihren verschiedenen Partikelgrößen.

Die Plansichter sind an Stäben hängende, frei schwingende Kästen. In ihrem Inneren sind ein Dutzend Siebrahmen so übereinander angeordnet, dass ihre Seidengazebespannung nach unten hin immer feinmaschiger wird. Die kreisförmig siebende Bewegung des gesamten Kastenplansichters treibt die Kornprodukte über die Siebe in getrennte Überfallkanäle oder Schächte, sodass sie an verschiedenen Stellen des Sichters herausfallen.

Das Gemisch der vom ersten Weizenschrot kommenden Vermahlungsprodukte fällt auf die ersten zwei Siebe, weiter auf das dritte und vierte Sieb, von denen der Schrot abgestoßen wird.

Das vom Schrot getrennte Gut fällt auf das fünfte und sechste Sieb – hier wird der grobe Grieß abgestoßen. Das übrige, noch aus feinem Grieß, Dunst und Mehl bestehende Sichtgut läuft über die folgenden Mehlsiebrahmen, von denen das Mehl abgesichtet und abgeführt wird.

Der übrig gebliebene feine Grieß und der Dunst gelangen infolge ihrer eigentümlichen Griffigkeit auf die beiden mit Dunstgaze bespannten Rahmen. Hier wird der Dunst abgesiebt, und der überbleibende feine Grieß findet ganz unten seinen Auslauf.

Der angefallene Schrot wird nun noch einmal vermahlen, indem man den Mahlspalt etwas enger stellt. Dann geht es wieder zum Plansichter, dieser Vorgang wird bis zu sechsmal wiederholt. Die angefallenen groben Grieße sind die reinsten Stückchen am Mehlkörper. Sie werden als Vollkorngrieß verkauft oder geputzt, also von den noch anhaftenden Schalenteilchen befreit, als Kochgrieß. Eine weitere Möglichkeit: Sie werden geputzt auf sogenannten Auflösstühlen weiter vermahlen – diese Glattwalzen haben keine Riffelung. Hier werden die Grieße zu Mehl zerdrückt, aufgelöst und aufgeteilt. Dieses aus Grießen bestehende Mahl ist das reinste und beste Mehl – das Auszugsmehl.

Schrotstühle, Plansichter, Putzmaschinen, Vermahlungs- oder Auflösstühle geben eine recht beträchtliche Menge der verschiedensten Mahlprodukte ab. Die Kunst des Müllers besteht darin, die Produkte mittels Elevatoren oder Pneumatik durch die verschiedenen Passagen zu führen, sodass ein möglichst schalenfreies Mehl erzeugt wird – und davon auch noch möglichst viel.

So bleiben Sie gesund – Vorbeugen von Konzentrationsstörungen

Üben Sie die Fähigkeit, Ihre Gedanken auf ein einziges Objekt zu konzentrieren:
Beißen Sie in ein Stück Brot ab, und kauen Sie es mit langsamen und behutsamen Kieferbewegungen, wobei Sie es mit der Zunge von einer Seite zur anderen schieben. Halten Sie das Brotstück möglichst lange im Mund, ohne es hinunterzuschlucken. Achten Sie dabei auf die wechselnden Geschmacks- und Tastempfindungen auf Ihrer Zunge; Sie werden staunen, was ein einfaches Stück Brot für ein Sinneserlebnis sein kann!

Aus dem Buch Hausmittel, Südwestverlag Mü. v. 1997 (1995) v. Dr. Jörg Zittlau, Dr. Norbert Kriegisch und Dagmar P. Heinke

Die Mehltypen

Der Müller ist in der Lage, das Getreidekorn in seine einzelnen Bestandteile zu zerlegen, und so entstehen unsere Mehltypen. Die Schwierigkeit dabei ist, dass der Mehlkern ganz mit der Schale verwachsen ist und bei der Vermahlung nicht einfach auseinanderfällt, sondern vorsichtig herausgeschnitten werden muss. Was Sie als Laie also noch wissen sollten, ist, was es mit den Mehltypen auf sich hat.

In allen Mehlen sind die Bestandteile des inneren Mehlkerns vorherrschend. Auch im reinen, schalenfreien Mehlkern finden sich geringe Mengen mineralischer Substanzen, die bei der Verbrennung desselben als Aschebestandteil übrig bleiben. Die Auszugsmehle enthalten Teile des Mehlkerns in reinster Form, sind also aschearm. Besonders reich an unverbrennbaren Mineralsubstanzen sind die Teile der äußeren Schale des Korns.

Je weniger Schalenanteile (Kleie) im Weizenmahlerzeugnis enthalten sind, umso heller ist seine Farbe. Jedes Typenmehl kann gröber oder feiner gemahlen werden. Bei den »hellen« Weizenmehltypen bis 812 gibt es geringe Helligkeitsunterschiede – sie sind die unvermeidliche Folge der unterschiedlichen Naturfarbe des Rohstoffes Weizen.

Durch den Plansichter ist es möglich, Mehle in unterschiedlicher Qualität und Helligkeit herzustellen. Die Type 405 ist fast ausschließlich aus dem hellen Kern des Weizens hergestellt und enthält kaum etwas von der dunklen Weizenschale (Kleie) – im Gegensatz zu dunklem Weizenmehl der Type 1050, dessen Farbe durch die enthaltene Getreiderandschicht bestimmt wird.

Das heißt also, je mehr Kleie im Mehl ist, umso höher die Typenzahl, desto größer der Mineralstoffgehalt. Bei Vollkornmehl wurde alles zuerst schonend getrennt, um dann wieder als Gesamtes vereint zu werden. So ist die Backqualität um einiges besser!

Das Gleiche wie bei den Weizenmehlen passiert auch mit den Roggenmehlen, wobei hier die hellste Type 610 ist, dann folgen alle weiteren je nach Aschegehalt bis zum dunkelsten Vollkornmehl.

Details über die einzelnen Mehltypen und ihre Verwendung finden sie auf Seite 124.

Tradition und Brot

Ein Grundnahrungsmittel mit Geschichte

Bereits vor der Kultivierung von Ackerland sammelten die Menschen wild wachsendes Getreide, mischten es mit Wasser, formten Fladen und trockneten oder buken sie auf heißen Steinen. Einfach, nahrhaft und praktisch – zumal die Fladen sich länger hielten als Getreidebrei und obendrein gut zu transportieren waren.

Neben der Bedeutung als Nahrungsmittel wohnt dem Brot auch eine starke Symbolik inne. Mitunter werden bis heute während des Backens und des ersten Anschnitts rituelle Handlungen vollzogen. Brot gilt in vielen Teilen der Welt noch immer als heilig. Die sakrale Bedeutung steht in engem Zusammenhang mit der Dankbarkeit für die Getreide-ernte. Darüber hinaus taucht Brot auch in vielen Redensarten und Volkssagen auf. Häufig enthalten diese Volksweisheiten einen moralischen Appell, Brot als einfaches Nahrungsmittel nicht gering zu achten.

Alte Backgeräte rund ums Brot

Es gibt eine Vielzahl von Backgeräten, die mit der Brotzubereitung oder -aufbewahrung zusammenhängen. Dazu gehört z.B. das Brautschaff, ein hölzerner, manchmal mit einem Deckel versehener kleiner Kübel, der früher gestrichen voll mit Mehl als Hochzeitsgabe überreicht wurde.

Das Brautschaff war vor allem in ländlichen Gebieten verbreitet. Es ist immer reich verziert, vorzugsweise mit Ornamenten in Brandmalerei.

Auch hölzerne Getreidemaße gehören in diesen Bereich oder die holzgeschnitzten Mehlschaufeln sowie Teigschüsseln aus glasiertem Ton, bunt bemalt und mit Ornamenten verziert, oder geflochten aus Stroh. Teigschüsseln waren im Übrigen nicht zum Anrühren des Teiges gedacht, sondern in ihnen ließ man den Teig aufgehen.

Zur Aufbewahrung des Sauerteiges verwendete man hölzerne Deckelschüsseln. Es war strengstens verboten, diese abzuwaschen.

Um das Brot auf den Tisch zu bringen, hatte man Brotkörbchen oder -teller. Man findet aus Stroh geflochtene Körbchen oder für den städtischen Haushalt gab es auch welche aus Fayence, glasierter Irdenware oder Porzellan. Aus diesen Materialien wurden auch Brotteller angefertigt; es gibt sehr schöne, reich bemalte Exemplare. Besonders reizvoll sind solche, auf denen Motive abgebildet sind, die den Bestimmungszweck des Gegenstandes verraten, also z.B. Bäcker bei der Arbeit. In hölzerne Teller sind oft Ährenornamente eingeschnitten oder Sprüche, die erhaben oder vertieft erscheinen können. Wie beispielsweise »Unser tägliches Brot gib uns heute«.

Brotstempel

Brotstempel sind eine Art Model, fast immer mit einem Griff versehen. Meist sind sie aus Holz, aber es gibt auch aus Ton oder Metall gefertigte Exemplare. Die Stempelfläche ist mit Initialen, geometrischen Mustern, religiösen Symbolen, Hauszeichen oder Tieren verziert. Diese Stempel sind sehr alt, schon die alten Römer kannten sie, und auch in Byzanz waren Brotstempel verbreitet. Sie waren weltweit zu finden, außer europäischen Exemplaren sind beispielweise auch solche aus Ägypten bekannt, und in Griechenland, auf dem Balkan und in allen Ländern, in denen die orthodoxen Kirchen verbreitet sind, trifft man heute noch auf Brotstempel.

Brotstempel haben eine zweifache Bedeutung. Zum einen sind sie eine Art Eigentumsnachweis. Da das Brot früher in Gemeinde-backhäusern gebacken wurde, verwendete man Brotstempel mit seinen Anfangsbuchstaben oder seinem Hauszeichen, um sein Brot zu kennzeichnen und es nach dem Backen wiederzufinden. Zum anderen haben diese Zeichen eine religiöse Symbolik. Nicht nur im Christentum, sondern auch in anderen Religionen war das Brot als Inbegriff der Nahrung und damit des Lebens etwas Heiliges. Brotstempel mit religiösen Zeichen waren so zum einen Ausdruck der Heiligkeit des Brotes und zum anderen Fürbitte um göttlichen Schutz vor Hunger und Elend. Gott gib uns Brot in Reichtum und in Not!

Mit dem Brotstempel stempelte man den ungebackenen, aber backfertigen – also schon aufgegangenen – Teig. Das fertige Brot wies dann ein eingeprägtes Motiv auf.

Brotgrammeln

Das oft steinharte Fladenbrot konnte nicht mit normalen Messern geschnitten werden, man brauchte dazu spezielle Schneidebretter, die sogenannten Brotgrammeln. Hierbei handelt es sich um ein Brett mit drei Seitenbrettern oder um ein einfaches, dickes massives Holzbrett. An diesem Brett ist ein drehbares Messer befestigt, das wie ein Hebel heruntergedrückt werden konnte. Das Brot wurde also eigentlich nicht geschnitten, sondern gesprengt.

Es gibt sehr schön verzierte Grammeln, bei denen die Seiten geschnitzt sind. Besonders häufig ist dies bei Exemplaren der Fall, die mit einem Loch versehen waren, damit man sie nach Gebrauch an die Wand hängen konnte. Die meisten Bretter sind jedoch schlicht und schmucklos, eben reine Gebrauchsgegenstände.

Backmutterl

Diese holzgeschnitzte Backmulden und Backtröge
wurden früher als Backschüsseln verwendet und
sind aus einem Stamm herausgeschlagen. Der
Geschickteste auf dem Hof fertigte diese am
besten aus Pappelholz an. Er wurde der Mulden-
macher genannt und hatte nach verrichteter Arbeit
ein Jahr lang das schönste Brot im Ofen gut.

Meist wurde der Backtrog schon mittags in die
Stube gebracht, damit sich das gesiebte Mehl
bis zum Abend erwärmen konnte. Die Menge
konnte bis zu 100 Pfund Mehl betragen – was für
30 Brotlaibe reichte. Am Abend mischte man den
angesetzten Sauerteig in etwa ein Drittel des Mehls
– in die Mitte, wie bei einem Dampferl. Anschließend wurde der Teig mit den Händen geglättet und
mit drei Kreuzzeichen versehen.

Oft kann man sich nicht vorstellen, dass diese
Backtröge für den Privathaushalt gedacht waren, da
sie bis zu zwei Meter lang sind – aber früher buk
man ja nicht einige wenige Brote, sondern für eine
gewisse Zeit auf Vorrat, man aß mehr Brot, und
die Familien waren zahlreicher, große Tröge zum
Anrühren des Teiges waren also nötig.

Die etwas kleineren Backmulden, die dem heutigen
Betrachter immer noch riesig erscheinen, waren
denn auch meist nicht für Brotteig gedacht,
sondern in ihnen wurde Kuchenteig angerührt,
Diese Mulden sind aus einem einzigen Stück Holz
gehauen. Bevorzugtes Holz für Tröge und Mulden
war Pappel- oder Zirbelholz.

Der Frühling ist vor der Tür, geh auch einmal hinaus in die Welt
und erwirb dir selber dein Brot.

Joseph von Eichendorf, Aus aus dem Leben eines Taugenichts

Eine milde Geschichte

Selig schwanket Bauer Bunke
Heim von seinem Abendtrunke.

Zwar es tritt auf seinen Wegen
Ihm ein Hindernis entgegen,

Und nicht ohne viel Beschwerden

Kann es überwunden werden.

Unverzüglich, weil er matt,

Sucht er seine Lagerstatt.

Diese kommt ihm sehr gelegen,
Um darin der Ruh zu pflegen.

Oh, wie wonnig schmiegt das Mus

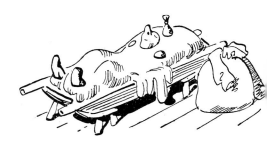

Sich um Kopf, Leib, Hand und Fuß.

Auf dem Bauche ruht er milde,

Wie die Kröte mit dem Schilde.

Lange bleibt er so nicht liegen.
Ihn verlangt es Luft zu kriegen.

Aber siehst Du, es gelingt
Schneller als ihm nötig dünkt.

Pfeife läßt er Pfeife sein,

Drückt sich in sein Haus hinein

Und begibt sich ohne Säumen
Hin zu seinen Zimmerräumen,
Wo Frau Bunke für die Nacht
Einen Teig zurecht gemacht.

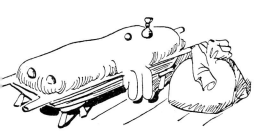

Doch, wie sich der Mund bedeckt,

Wird er ängstlich aufgeschreckt.

Schnell, mit unterdrückter Klage,
Sucht er eine andre Lage.

Ach, Frau Bunke steht erschrocken;

Ach, Frau Bunke steht erschrocken;

Ihre Lebensgeister stocken.

Traurig führet sie den Besen;
Kummer füllt ihr tiefstes Wesen;
Weinen kann ihr Angesicht,
Aber backen kann sie nicht.

Ein Rezept für eine große Menge Brot, wie es früher üblich war

Will man 6 Brote backen, benötigt man 12½ kg Roggenmehl, 350 g Sauerteig, ungefähr 6 l lauwarmes Wasser, das im Sommer 21 °C und im Winter 24 °C haben soll (d.h., es muss gut handwarm sein) und 125 g Salz.

10 bis 12 Stunden, gewöhnlich am Abend vor dem Backtage, stellt man den erwärmten, sauberen Backtrog auf zwei Stühlen in die Nähe des warmen Herdes, schüttet das ganze erwärmte Mehl hinein, macht in die Mitte eine große Grube und gießt etwa 4 Liter lauwarmes Wasser, in dem man den Sauerteig aufgelöst hat, hinein. Dann rührt man einen Teil des Mehles nach und nach in das Wasser, sodass ein dicklich fließender Teig entsteht, macht ein Kreuzzeichen in seine Mitte und deckt alles mit warmen Tüchern gut zu. Jetzt darf er über Nacht im Warmen gehen.

Zeitig am anderen Morgen werden 125 g Salz gleichmäßig über das Ganze gestreut, zuerst das übrige Mehl mit dem Sauerteige vermischt und dann mit noch 2 Litern lauwarmem Wasser, das man nach und nach hinzugießt, zu einem festen Teige verarbeitet. Dabei wird der Teig möglichst in der Mitte des Troges geschoben und geknetet – nicht mit den Fingern, sondern mit den Knöcheln der geballten Fäuste, indem man den Teig von einem Ende zum andern recht kräftig und sorgfältig durcharbeitet und wieder zusammenschlägt, bis er die richtige Geschmeidigkeit hat. Dann fasst man ihn zu einem Ballen zusammen, wendet ihn und legt ihn in eine Ecke des Troges, er darf nicht auseinanderfließen, sonst muss man noch etwas Mehl hinzufügen. Jetzt stäubt man Mehl darüber, macht ein Kreuz in seine Mitte und lässt ihn für ungefähr

2½ Stunden gehen. Danach teilt man den Teig in sechs Teile, formt runde oder lange Brote daraus und lässt sie in bemehlten Strohschüsseln nochmals wenigstens eine Stunde gehen.

Während dieses letzten Aufgehens bestreicht man die Brote mithilfe der Hand dreimal mit lauwarmem Wasser, damit sie nicht rissig werden, worauf man sie in den gut durchheizten Backofen schiebt und zwei Stunden backen lässt.

Das Brot ist ausgebacken, sobald die Rinde hohl klingt, wenn man mit dem Fingerknöchel darauf klopft. Sowie die Brote aus dem Ofen kommen, bestreicht man sie mithilfe eines Handbesens mit kaltem Wasser und schiebt sie noch einen Augenblick zum Trocknen in den Ofen, sonst wird die Kruste kleistrig. Dann werden sie mit der oberen Seite nach unten wieder in die Backschüsseln gelegt, wo man sie auskühlen lässt.

Um den richtigen Hitzegrad zum Brotbacken zu erproben, klemmt man drei Kornähren ohne Körner in den Brotschieber oder streut etwas Mehl auf denselben: Werden die Ähren oder das Mehl nach einigen minutenlangen kreisförmigen Bewegungen im Ofen schwarz, ist er zu heiß, werden sie goldbraun, so ist die richtige Hitze vorhanden.

Heute wie früher – die Hauptsache für gutes Gelingen ist die Qualität der Zutaten: gutes Mehl, die notwendige Menge und Güte des Sauerteiges und der Hefe, die richtige Temperatur des Wassers oder der Milch ... und natürlich die korrekte Bearbeitung des Teiges.

Josephs Brüder kaufen Getreide in Ägypten

Auch im Lande Kanaan entstand Hungersnot. Deshalb sagte Jakob zu seinen Söhnen:
»Ich höre, dass in Ägypten Getreide verkauft wird, gehet hin und kauft Getreide für uns
alle!« Die Brüder zogen fort. Nur Benjamin, der jüngste Bruder, blieb beim Vater zu Hause.

Die Brüder wurden in Ägypten zu Joseph geführt. Dieser erkannte sie sogleich, sie aber
erkannten ihn nicht. Joseph fragte: » Woher seid Ihr?« Sie sprachen: »Wir sind aus Kanaan.«
Joseph sagte: »Ihr seid Feinde unseres Landes.« Sie antworteten: »Nein, Herr! Wir sind
friedliche Leute. Wir sind zwölf Brüder. Der jüngste ist daheim beim Vater und einer ist
nicht mehr da.« Joseph hörte die Brüder an und sagte: »Ihr seid doch Feinde unseres
Landes.« Dann ließ er sie in das Gefängnis werfen. Nach drei Tagen ließ er sie kommen und
sprach zu ihnen: »Zieht mit eurem Getreide nach Hause! Bringt mir euren jüngsten Bruder
her! Einer von euch muss bis zu eurer Rückkehr im Gefängnis bleiben.«

Er hatte aber das Geld ihnen in die Säcke legen lassen. Die Brüder luden das Getreide auf
und zogen heim. Als sie heimkamen, fanden sie das Geld. Sie erzählten dem Vater alles, was
geschehen war. Dieser wollte den Benjamin nicht fortlassen.

Als das Getreide aufgezehrt war, sprach Jakob zu seinen Söhnen: »Kauft noch einmal
Getreide in Ägypten!« Sie antworteten: »Wir dürfen nur mit Benjamin hinkommen.«

Da sprach der Vater: »Wenn es sein muss, dann nehmt ihn mit.« Als die Brüder wieder zu
Joseph kamen, grüßte er sie freundlich und fragte: »Wie geht es eurem alten Vater?« Sie
antworteten: »Unser Vater ist gesund.« Joseph erblickte den Benjamin und fragte: »Ist das
euer jüngster Bruder?«

Dann sprach er: »Gott segne dich, mein Sohn!« Am anderen Tage ließ Joseph seine Brüder
wieder kommen. Jetzt konnte er sich nicht mehr zurückhalten, er fing an zu weinen und
sprach: »Ich bin euer Bruder Joseph.« Die Brüder konnten vor Schrecken nicht reden.
Joseph sagte freundlich: »Fürchtet euch nicht! Ihr habt Böses gegen mich ausgedacht, Gott
aber hat es zum Guten gelenkt. Geht heim zu meinem Vater und bringt ihn her! Ich will für
euch sorgen.«

Wer seinem Feinde Gutes tut, der zeigt den schönsten Edelmut.

Katholisches Religionsbüchlein von 1927

Brotbräuche

Volkstümliche Bräuche rund um das Brot entstanden vielfach aus heidnischen Fruchtbarkeitsritualen und wurden in unserem Kulturkreis häufig mit christlichen Elementen angereichert bzw. umgedeutet. Mit regional unterschiedlicher Ausformung und Verbreitung existiert eine Vielzahl von Brotbräuchen, die zumindest in ländlichen Gebieten teilweise auch heute noch gepflegt werden.

Lord und Lady

Eine kleine Sprachgeschichte, die die Wertschätzung des Brotes und der Brotbereitung deutlich werden lässt: Das ungesäuerte Brot wurde ursprünglich als »Leip«, dann als »Laib« bezeichnet. In derselben Wortfamilie steckt das englische Wort »loaf« für »Herrin/Frau«. Die Hlaefdige war ursprünglich die Brotherstellerin und entwickelte sich später zur »Lady« weiter. Der Lord leitete sich ab aus dem »Brotherren« bzw. »Brotschützer«, dem Hlafward.

Drei Kreuze im Brot

Wenn der Teig »rastete«, segnete man ihn mit drei Kreuzlein und schüttete eine Kelle Weichaprunn (Weihwasser) darüber (das sollte die Hexen fernhalten). Dann hat man dem Teig »a Hemat ounglegg« (ein Hemd angezogen), also feines Mehl durch ein Sieb darübergestreut, sodass er schön weiß war. Die uralte animistische Ehrfurcht vor der Fruchtbarkeit der Erde leuchtet auf. So, als wäre der Teig etwas Lebendiges, Leib gewordener Geist des Lebens (»Korngeist«) – ein heidnischer Brotglaube neben der tiefen christlichen Frömmigkeit.

Brot wurde von den Menschen am Berg als etwas Lebendiges empfunden, man sah den Weg des Korns als Gleichnis von Tod und Auferstehung.

Du hast, lieber Gott, die Felder gesegnet, hast die Sonne geschickt und gesagt, dass es regnet.
Das Korn ist gewachsen, nun haben wir Brot, darum danken wir Dir, unserem lieben Gott.

Deutsches Tischgebet

Allgäuer Brotvögel

Als sehr altes, fast in Vergessenheit geratenes, symbolreiches und eindrucksvolles Allgäuer Brauchtum werden in der Pfarrkirche St. Martin statt der Prozession zu Christi Himmelfahrt Brotvögel an die Kinder verteilt. Dieser nette Brauch hat seine Geschichte: Man wollte die Himmelfahrt für die Kinder bildlich darstellen und nahrhaft gestalten. Durch das Himmelstor verschwand Jesus, also warf man früher von oben gebackene Hostien in das Kirchenschiff hinab. Da diese Zeremonie von der Obrigkeit als »geistlos und zweckwidrig« empfunden und 1803 nachdrücklich verboten wurde, verteilt man heute aus süßem Brotteig gebackene Vögel, die, wie die Taube, symbolhaft für den Heiligen Geist stehen, an die Kinder.

Der Tafelsegen

Weit verbreitet war die Sitte, Brotreste sorgfältig zu sammeln. Schon der im Mittelalter lebende Mönch Ekkehardt zu St. Gallen pflegte alle an der Tafel übrig gebliebenen Brotsamen einzusammeln, was als Tafelsegen bezeichnet wurde. Unsere Vorfahren hatten die Gewohnheit, das angeschnittene Brot über dem Esstisch in einem Körbchen zu bewahren. Aus dieser Sitte entwickelte sich die bekannte Redensart vom Höherhängen des Brotkorbes, wenn nichts mehr zum Essen im Haus war.

Das Brotgesinde

Das Brot als Symbol des Haushaltes wurde stets in hohen Ehren gehalten. Für das Anschneiden des Brotes erfand der Volksmund zahlreiche Bezeichnungen, wobei diese Handlung oft fast den Charakter einer religiösen Zeremonie annahm. So kam es, dass man die Hausgenossenschaft, das Gesinde, als das Brotgesinde, die Brötlinge oder Kumpanschaft bezeichnete. Diese Wortbildung entstammt dem Mittellateinischen »eum panium«, was so viel bedeutet wie »Mitbrotesser«.

Allerseelenwecken

Zu Allerseelen ist es bei uns üblich, seinen Patenkindern ein süßes Brot mit Rosinen zu schenken.

Gesellenprüfung für Bäckergesellen aus dem Jahr 1949

Die erste Aufgabe und Pflicht eines Bäckers ist größte Sauberkeit im Betrieb und Reinlichkeit an sich selbst. Sauber gewaschen, frisch und munter mit gekämmtem Haar, seine Hände und Arme gründlich gewaschen. Arbeiten soll er schnell, pünktlich, sachgemäß und sauber. Er soll das Bestreben haben, nicht nur die Arbeit fertigzustellen, sondern eine schöne Ware zu erzielen und stets das Interesse seines Meisters im Auge haben.

Brot teilen ist ein Zeichen von Solidarität und Gastfreundschaft.
Ist Ihnen schon mal aufgefallen, dass im englischen Wort für Bruder,
also im »Brother«, auch das »Brot« steckt?

Versöhnungsbrot

An St. Georgi, bei manchen auch an Ostern, wurde früher von den Frauen eine Art besseres Brot gebacken. Sie verwendeten dabei wohlschmeckende Kräuter, die dem Brot einen besonderen Geschmack verliehen. Das Brot wurde dann an Freund und Feind verteilt. Denn es hieß: Wer davon zehrt, muss sich, sei ihm der Gegner auch noch so verhasst, mit ihm versöhnen. Diesem Brot wird auch eine geheimnisvolle Wirkung zugeschrieben und namentlich soll seine Kraft in Liebesangelegenheiten helfen.

Brotwärmflasche

Früher, als die Zimmer noch ungeheizt waren und es im Winter richtig klamm war, so hat mir ein Brotbackschüler erzählt, gab ihm seine Mutter immer ein heißes Brot aus dem Backofen, gut eingewickelt, mit ins Bett. Wie viel von dem frischen Brot am anderen Morgen noch übrig war, hat er nicht verraten. Wärmflaschen, die mit heißem Wasser gefüllt werden konnten, kamen übrigens erst in der Mitte des 18. Jahrhunderts auf.

Auf diese Geschichte, die ich gerne zum Besten gebe, meinte ein anderer Teilnehmer: »Wir waren vier Brüder und der Jüngste ging natürlich als Erster zu Bett. Wenn wir dann nacheinander nach Hause kamen, wurde der kleine Bruder einfach als Wärmflasche benutzt und in ein kaltes Bett gelegt.«

Weitere Volkssitten

Man segnet den frischen Brotlaib mit dem heiligen Kreuzzeichen.

Manche dulden nicht, dass das Brot auf dem Rücken liegt, weil das Unglück bringt.

Brot schneidet man nur an der rechten Seite an.

Wer das Brot ungleich aufschneidet, hat gelogen
(Gott sei Dank gibt es heute eine Brotschneidemaschine).

1   *2*   *3*   *1—4 Spanisches Gebäck*   *4*

Berliner Knüppel

Schweizer Türschildchen

Italienisches Frühstücksgebäck

Salzweck

Wasserweck

Berliner Schrippe

Belgisches Brot

Belgisches Pistolet

Französisches Brot

Süddeutsches Gebäck: Osterhase

Schwedisches Knäckebrot

Die Kundel vorm Backofen

Wer von Ihnen schon einmal die Inntalautobahn von Rosenheim kommend Richtung Kufstein gefahren ist, hat sie vielleicht schon einmal gesehen, die Kundel vorm Backofen: Gegenüber dem Dörflein Fischbach steigt auf der anderen Seite des Inn ein mächtiger Bergstock empor, mit senkrecht abfallenden Felswänden unter den Gipfelzacken und steilen Wiesenhängen dem Tal zu – Heuberg heißt er, weil seine großen grünen Matten herrliches Gras und Heu liefern für das Vieh auf der Almweiden beziehungsweise während des Winters im Stall.

Vor langer Zeit besaß ein Bauer aus Nußdorf droben auf diesem Berg eine besonders ergiebige Almweide mit saftigem, fettem Gras, wie es ringsum keine solche mehr gab. Die Kühe, die den Almsommer dort oben verbrachten, lieferten dementsprechend gute Milch in weit über dem Durchschnitt liegenden Mengen. Diese Alm bewirtschaftete eine Sennerin, die wohl das schönste Mädchen weit und breit im ganzen Inntal war. Mit dem Taufnahmen hieß sie Kundel, wohl eine Abkürzung für Kunigunde. So hübsch und fesch das Mädchen war, so stolz und hartherzig war es aber auch.

Eines Tages hatte die Kundel Brot gebacken, und sie war gerade dabei, die fertigen Brotlaibe aus dem neben der Almhütte stehenden Backofen herauszunehmen, als ein altes, kleines Männlein hinzukam. Gar inständig bat dieses um ein Stück von dem Brot, das da so duftend vor den beiden lag. Schon zwei Tage, meinte der seltsame Wanderer, habe er keinen Bissen mehr zwischen den Zähnen gehabt, sein Wanderbeutel sei leer und der knurrende Magen ebenso. Die unbarmherzige Almerin aber wies den Bettelnden mit groben Worten ab. Als dieser noch mehr um nur ein kleines Stück Brot flehte, hob sie einen Stein auf, gab ihn dem Bettler und meinte, das sei Brot genug für ihn.

Der kleine Mann kehrte der mitleidlosen Kundel den Rücken und war auf seinem Weg ins Tal bald ihren Blicken entschwunden. Doch nun erhob sich urplötzlich ein schreckliches Gewitter. Der Sturm fuhr heulend um den Berg, Blitze züngelten und zuckten wild herum und das Donnerrollen schien kein Ende zu nehmen. Es war, als ginge die Welt unter. Die Kundel kauerte sich unter den Backofen, während der Regen aus den geborstenen Wolken herniederrauschte. Ganz allmählich zog das Unwetter ab, und als es wieder lichter wurde, da war Kundels Alm verschwunden. Die hartherzige Sennerin war neben dem Backofen zu Stein geworden.

So steht sie heute noch als Felsblock am Heuberg, zur Warnung für alle jene, die Herzen aus Stein haben und die Hungrigen nicht speisen wollen, wie Gott es einst den Menschen anbefohlen.

Inntalsagen, Max Einmayr

Vom Mehl zum Brot

Backhilfsmittel und Backtechniken

Meine große Liebe gilt dem Brot. Mehr, als es zu essen allerdings, liebe ich es, Brot zuzubereiten. Ich genieße es, den Teig mit meinen Händen zu kneten, bis er dehnbar wird, glänzend, weich und doch streng. Ihn aufgehen zu sehen, ist immer wieder ein Erlebnis – wie er sich zu einem aromatischen Ballon aufbläht und, wenn ich diesen drücke, in sich zusammenfällt, stöhnt und zischt. Stimmen aus lauwarmer Luft flüstern mir zu, nicht so fest … bis sie verstummen und mein Ballon sich in ein kleines, festes Kügelchen verwandelt hat. Aber siehe da – wenn ich ihm wieder Zeit gebe, verwandelt er sich in einen noch viel schöneren, größeren und auch luftigeren Teigballen als vorher. Gibt es etwas Schöneres, als sein Brot in den Ofen zu schieben und darauf zu warten, bis es fertig gebacken ist? Und dieser Duft, der plötzlich das ganze Haus erfüllt! Dies mit allen Sinnen zu erfassen und genießen zu können, möchte ich mit Ihnen teilen.

Sauerteig – mein wichtigstes Backhilfsmittel

Die traditionelle, über Jahrhunderte entwickelte Zubereitung eines Roggensauerteigbrots macht es besonders leicht verdaulich. Denn Natursauerteig braucht viel Zeit, um sich zu entwickeln, und dies bewirkt eine Art Vorverdauung des Getreideeiweißes. Die wenigen Zutaten sollten so einfach und naturbelassen wie möglich sein.

■ Bei der Zubereitung von Sauerteig werden das Klebereiweiß und die Stärke durch Säure aufgeschlossen.

■ Falls man einmal keinen Sauerteig zur Hand hat, kann man alternativ Zitronensaft oder Essig nehmen. Bei dieser Art der Teigzubereitung wird allerdings auch Hefe benötigt.

■ Bei einer klassischen 20-stündigen Sauerteigführung wird im Prinzip die Keimung eingeleitet und die Schalenanteile haben viel Zeit zum Quellen. Solche Brote kommen anschließend lange in den Ofen. Fermentation und Hitze führen zu einer günstigen Veränderung der Getreideeiweiße für Allergiker.

■ Fast alle Roggenpollenallergiker können echtes Roggensauerteigbrot beschwerdefrei essen. Aufpassen müssen sie hingegen bei Frischkornbrei oder Getreidekeimlingen: Rohes Getreide geht einher mit nativem Getreideeiweiß und wird nicht von jedem vertragen.

Sauerteig

Beim Backen verwendet man als Triebmittel Hefe, die ein mildes Brot gibt, oder Sauerteig, der es kräftiger macht. Häufig nimmt man auch beides zusammen, da diese Mischung sehr wohlschmeckend ist. Oft hat man die Gelegenheit, von einem Bäcker sofort verwendbaren Sauerteig zu erhalten – falls nicht, kann man ihn auch selbst zubereiten.

Sauerteig ist ein sich in Gärung befindender Roggenteig. Sein Zweck ist es, den Teig durch seine Säuren backfähig zu machen und ihn durch seine Gärung zu lockern, dem Brot einen guten Geschmack zu verleihen und es verdaulicher zu machen.

Diese Gärung kommt spontan zustande, das heißt aus sich selbst heraus, indem sich die Säurebakterien und Hefen, die sich in der Luft, im Wasser und im Mehl befinden, vermehren.

Roggenmehl eignet sich am besten, da es am stärksten säuert. Hierbei bilden sich Milch- und Essigsäure. Milchsäure ist fast geruchlos und mild im Geschmack, während die Essigsäure stechend scharf riecht und sehr sauer schmeckt.

Es gibt viele Möglichkeiten, seinen Teig zu säuern.

Sauerteigzubereitung

Man verwendet 125 g Roggenmehl Type 1370, lauwarmes Wasser und vermengt beides zu einem weichen Brei. In diesen gibt man nun ca. 15 g Kümmel und einen Teelöffel Honig. Kümmel verhindert eine Schimmelbildung und Honig hält die Essigsäurebakterien zurück.

Bei ca. 28 °C sollte dieser sogenannte Sauer nun 24 Stunden gut zugedeckt ruhen. Sehr gut funktioniert dies in einer Kühlbox: Zuerst eine heiße Wärmflasche hineingeben, dann ein Handtuch darüberlegen, darauf den zugedeckten Sauerteig stellen und die Box für einen Tag verschließen.

Am folgenden Tag hat sich die Masse etwas verflüssigt und deshalb geben wir eine kleine Menge Roggenmehl hinzu (der Teig sollte weich wie ein warmer Grießbrei sein). Dann kommt er nochmals für 24 Stunden in unsere vorbereitete Box.

Am nächsten Tag wieder nur »füttern«, die Masse sollte wie ein Kuchenteig leicht von der Gabel fallen. Nach weiteren 24 Stunden ist unser Sauerteig backfertig.

Wenn Sie öfter backen, so nehmen Sie von diesem angesetzten Sauerteig etwas ab und stellen ihn mit Mehl bedeckt an einen kühlen Ort. Um ihn aufzufrischen (backfähig zu machen), rührt man ihn einen Tag, bevor man ihn braucht, so lange mit lauwarmem Wasser und etwas Mehl, bis er wieder die Konsistenz eines Rührteigs hat. Von diesem können wir dann wieder etwas aufbehalten usw.

Zum Aufbewahren können Sie den Sauer unter Zugabe von Mehl zu Krümeln verarbeiten und diese luftig in ein Beutelchen packen. Aufgefrischt wird das Ganze wie unser anderer Sauerteig.

Nun zu Ihren Fragen

■ Wie viel Sauerteig soll ich anrühren? 20 bis 40 Prozent vom Teig.

■ Warum kommt Hefe hinein? Hefe verhindert die Vermehrung der Essigsäure.

■ Wie lange hält mein Sauerteig? Wenn Sie ihn in der Wärme lassen, geht er ganz schnell kaputt, außer Sie füttern ihn weiter, dazu müssen Sie ihn aber wieder verflüssigen. Er wird von Mal zu Mal saurer. Im Kühlschrank hält unser Sauerteig etwa eine Woche, wollen sie ihn länger aufheben, dann sollte er mit Mehl zu einem Teigklumpen verarbeitet werden. So hält er sich über Wochen. Wenn unser Sauerteig nichts zu essen bekommt, wird er sauer!

■ Kann ich Sauerteig einfrieren? Ohne Probleme! Dazu streichen Sie den backfertigen Sauerteig in Eiswürfelbehälter. Um ihn wieder backfähig zu machen, nehmen Sie ihn am Abend vorher heraus, setzen ihn wie ein Dampferl mit warmem Wasser an und decken ihn zu.

So wird der Sauerteig beim Bäcker hergestellt

Anstellsauer ist unser Saatgut für die Sauerteigherstellung. Es sollte kräftig, gesund und rein sein.

Wir verwenden dunkles Roggenmehl (am besten Schrotmehl) und Wasser. Beides verarbeiten wir unter Zugabe von etwas Hefe zu einem kleinen Teig. Zur Beschleunigung der Gärung geben wir noch etwas gemahlenen Kümmel oder auch fein geschnittene Zwiebeln oder etwas Brandwein hinzu. Die wilde Gärung setzt durch gleichmäßige Wärme von selbst ein. In den nächsten 24 bis 30 Stunden fügen wir kleine Mehlgaben und Wasser hinzu, damit der Sauer sich noch besser entwickeln kann.

Aus diesem Anstellsauer stellen wir dann den Anfrischsauer her. Dazu verdünnen wir ihn mit warmem Wasser und etwas Mehl und lassen ihn zugedeckt fünf bis sechs Stunden bei 25 °C ruhen.

Nun geben wir Mehl hinzu, um Grundsauer herzustellen. Er sollte etwa 15 Prozent der gesamten Mahlmenge betragen und eine feste bis mittelfeste Teigbeschaffenheit aufweisen. Dieser Teig steht nun etwa acht Stunden.

Zuletzt wird nun noch der Vollsauer (= fertiger Sauer) angerührt. Dazu geben wir 40 bis 50 Prozent unserer Gesamtmehlmenge hinzu und verarbeiten diese mit Wasser zu einem weichen bis mittelfesten Teig. Seine Reifezeit liegt bei drei Stunden.

Bei allen Sauerteigstufen ist zu beachten, dass er reif ist. Dies erkennen wir bei festem Sauer an dem vollen, runden Stand und an der rissigen Oberfläche, bei weicher geführten Sauerteigen an der Blasenbildung, dem Ausströmen der Kohlensäure und dem Zusammenfallen beim Aufreißen mit der Hand.

Abgefressenen Sauerteig erkennen wir an Brot mit großen Poren und zu saurem Geschmack.

Wichtig: Vergessen Sie nicht, vom reifen Vollsauer unser Anstellgut für das nächste Backen wegzunehmen. Dieses aber mit Mehl ganz fest verarbeiten und an einem kalten Ort aufbewahren.

Sauer-Rezept nach Art der Erlbacher Traude

Die Erlbacher Traude aus Rosenheim bereitet ihren Sauer schon immer nach folgendem Rezept zu und er gelingt jedes Mal bestens. Wenn man das erste Mal Brot bäckt oder wenn das Brot zu sauer geworden ist und man ein neues Dampferl braucht, benötigt man:

1 Würfel Hefe
¼ l Buttermilch oder 1 Becher Joghurt
4 EL Roggenmehl (etwa 120 g)

Milch handwarm erwärmen, Hefe einbröseln und Mehl einrühren. Diesen Brei warm und nicht zugedeckt 24 Stunden stehen lassen. Währenddessen öfter umrühren, damit die Hefe genügend Luft bekommt. Nach dieser Zeit ist der Sauerteig fertig.

Diese Menge reicht für zwei bis drei Kilogramm Mehl. Den nicht benötigten Sauerteig kann man wunderbar einfrieren und bei Bedarf am Vortag wieder auftauen lassen.

Keine Speise wird gar und kein Brot wird gebacken ohne Feuer,
und doch will der Mensch reif werden ohne Leid.

(China)

Brot backen kinderleicht

- 700 g Mehl in eine große Schüssel sieben
- Wir drücken eine Mulde ins Mehl
- 1 TL Zucker hinzufügen
- Einen Beutel Trockenhefe oder einen Würfel Frischhefe einbröseln

- 100 ml lauwarmes Wasser einrühren
- Einen cremigen Brei rühren
- Alles mit ein wenig Mehl zudecken
- Warten, bis der Teig sich entwickelt und die Mehldecke Risse bekommt

- 3 TL Meersalz an den Rand. Wichtig: nicht auf die Hefe!
- 4 TL Brotgewürz nach Belieben
- Etwa eine Tasse Sauerteig nehmen
- 500 ml lauwarmes Wasser einrühren

- und alles zu einem gleichmäßigen Brei verrühren
- Die restlichen 200 Gramm Mehl einarbeiten
- und abschmecken, ob das Salz ausreicht – ansonsten noch etwas hinzufügen
- Die Hände mit Mehl einreiben

■ Den Teig aus der Schüssel nehmen und auf etwas extra Mehl legen

■ Ca. 10 Minuten kneten, bis sich eine seidig glänzende Oberfläche bildet und das Klebergerüst ganz aufgeschlossen ist (gegebenenfalls noch Mehl hinzufügen)

■ Wenn Ihre Hände dabei so aussehen, zuerst mit der Teigkarte den Teig abkratzen und dann, wie beim Händewaschen, reichlich Mehl zwischen den Händen reiben. Dieses Mehl aber nicht mehr in den Teig einarbeiten.

■ Die Hände mehlen

■ und weiter geht's

■ Die Schüssel über unseren Teig stürzen und eine Stunde warten, schön hat sich unser Brot entwickelt. Wenn nicht, einfach noch ein bisschen warten

■ Die Luftkammern werden zusammengedrückt

■ Jetzt verzieren wir unser Brot nach Belieben
■ Danach darf es noch einmal für mindestens
30 Minuten gehen, je nach Teigkonsistenz, ein
weicher Teig ist schneller als ein fester Teig!
■ Ab auf die Backschaufel und in den heißen
Ofen. Der Küchenherd sollte auf 250 °C
vorgeheizt sein und nach 8 Minuten auf
ca. 180 °C zurückgeschaltet werden, noch mindestens eine Stunde backen
■ Fertig ist unser Brot, wenn wir auf den Boden
klopfen und es hohl klingt!

Backtipps von der Müllerin

■ Am besten setzt man am Abend vorher den Sauer oder das Hefestück an.

■ Am wirtschaftlichsten ist es natürlich, seinen Ofen voll auszunutzen. Wenn wir zwei Brote nebeneinander auf ein Blech setzen wollen, müssen sie an der Anstoßstelle mit Öl oder flüssigem Fett bestrichen werden. Sie können auch ein Backpapier dazwischenklemmen.

■ Den Teig beim Einsetzen in den Ofen noch etwas in die Mitte rücken, sonst könnte er an der Röhrenwand anbacken. Schwaden (s. Seite 100) nicht vergessen, aber nach 10 Minuten die Backofentür kurz öffnen.

■ Wir können unser alt gewordenes Brot auch für die Herstellung von neuem verwenden. Dazu weichen wir unser altes Brot in warmem Wasser auf und geben etwas Sauerteigansatz dazu. Von dieser Teigmasse können wir dann so etwa zwei Scheiben Brot auf ein Kilogramm neues Brot geben. Gibt einen vollen guten Geschmack!

Die realistische Schilderung, wie 1886 in Belgien Brot gebacken wurde

Im Schweiße deines Angesichts:
Ich sah die Dienerinnen Brot bereiten für den Sonntag.
Sie nahmen beste Milch, sie nahmen das beste Mehl.
Geneigt war ihre Stirn, ihr Ellbogen sprang aus dem Ärmel.
Die Ärmel soffen den Schweiß, in den Backtrog tropfte der Schweiß.

Finger und Hände eilten, es dampfte der Körper vor Arbeit.
Die Kehle klopfte, bedrängt vom vollen Korsett.
Mehlbestäubt griffen die Fäuste und kneteten wild durch den Teig hin,
formten ihn rund wie das Fleisch einer weiblichen Brust.

Welch eine Hitze stieg auf! Das Kohlenbecken spie Rotglut.
Zwei zu zwei gab das Brett Laibe dem Ofen-Dom.
Der sie paarweise verschlang. – Da plötzlich! Die Flammen! Wie Hunde
tauchten sie aus dem Loch, standen rot und enorm,
fauchten sie sich einen Weg und bissen in die Gesichter.

Verhaerens Belgierinnen backen ihr Brot so, wie ein paar Jahrtausende früher die griechischen
Dienerinnen es buken.

Davon abgesehen, dass nach der Bibel der Schweiß des menschlichen Angesichts ein Begleiter
jeglicher Arbeit ist, scheint Schweiß auch ein gutes Akzidens bei der Teigbereitung zu sein.
Menschlicher Schweiß enthält Sodiumchlorid in verschiedener Zusammensetzung, auch
Harnstoffe, Milch- und Ameisensäure. Alle diese Säuren und Hefen, deren Geruch an Kühe,
Butter, Ziegen und Termiten gemahnt, scheidet der menschliche Körper aus in der Erregung
der Transpiration. Sie waren manches Jahrtausend lang in der Backstube anwesend – und das
Brot der Menschen schmeckte nicht schlecht.

Heute haben Maschinen unsere menschliche Hand zur Seite gestoßen und die Wörter
Hygiene, Kontrolle, Zertifizierung, Masse, billig, schnell, Gewinn, Zusätze und Markmacht
regieren immer und überall.

Emile Verhaeren, aus dem Werk »Flamandes«

Weitere wichtige Backhilfsmittel

Mehl und Salz, Gott erhalt's

Auch wenn wir sie heute nur noch erahnen können, war die Soleleitung in unserer unmittelbaren Nachbarschaft bis vor gut 50 Jahren noch in Betrieb. Es handelt sich hierbei um die Soleleitung, auf der das »weiße Gold« aus dem Berchtesgadener Land zur Saline nach Rosenheim gepumpt wurde. Mein Urgroßvater war noch Salinenarbeiter. Als ich klein war, grub mein Vater bei Bacharbeiten einmal ein Stück von dieser Leitung aus, es war ein einfaches Stück Baum, das ausgehöhlt war. Wenn man mit dem Finger im Inneren dieses Rohres reibt und dann an seinem Finger schleckt, kann man das Salz noch heute schmecken.

Herstellung von Sole

Sole können Sie auch selbst herstellen. Dazu werden Salzbrocken, z.B. aus dem Himalaja (enthält ca. 99 Prozent Natriumchlorid), in Wasser gelegt. Sie lösen sich langsam auf und nach einigen Stunden ist die Lösung gesättigt. Es wird so lange Wasser nach-
gefüllt, bis sich alle Salzbrocken aufgelöst haben. Diese Sole können Sie dann zum Brotbacken verwenden – einfach je nach Geschmack hinzufügen. Die Inhaltsstoffe dieser Sole sind garantiert ohne Rieselhilfe!

Natrium und Chlorid regulieren den Flüssigkeitsdruck im Organismus, schützen vor zu großem Wasserverlust und regeln das Verdauungssystem. Die Inhaltsstoffe im Salz sind Mineralien und Spurenelemente wie Kalium, Magnesium, Calcium, Eisen und Mangan. Paracelsus war der Ansicht, dass nur gesalzene Speisen richtig verdaut werden könnten.

Auf ein Kilo Mehl rechnet man etwa 17 Gramm. Salz beeinflusst unseren Teig günstig und die Kruste bräunt besser. Am besten geben Sie das Salz vor dem Teigbereiten in Wasser aufgelöst zum Mehl. Im Brot regelt und fördert Salz den Gärungsprozess, die straffe Teigbildung und den Geschmack. Wenn Salz fehlt, treibt unser Teig sehr rasch, fällt leicht zusammen, das Gebäck erhält eine blasse Farbe und einen faden Geschmack. Wurde zu viel Salz verwendet, gärt der Teig sehr langsam und fühlt sich schwer an, das Gebäck fällt klein aus und schmeckt natürlich versalzen. Also alles mit Maß und Ziel dosieren.

Das Salz

Wie wär es schlecht um uns bestellt,
Wann es kein Salz gäb auf der Welt,
Vom Kaiser bis zum Bettelmann,
Keiner das Salz entbehren kann,
Der Bürger, Bäcker und Soldat,
Das Salz ein jeder nötig hat.
Wie schmeckt die Speiß, Fleisch oder Fisch?
Wenn ist dazu kein Salz am Tisch?
Der Bäcker backt ohne Salz kein Brot,
Ohn Salz wir müssen leiden Not
Gott gib uns auch mit gut'ger Hand
Ein Körnlein Salz in den Verstand.

Spruch aus dem Wasserburger Rathaus

Hefe

Bierhefe besteht zu über 50 Prozent aus Eiweiß, dies ist wichtig für die Produktion von Zellen, Gewebe und Muskeln. Bierhefe enthält die Vitamine B_1 und B_2, Pantothensäure, Enzyme und Aminosäuren. Bierhefezellen wirken gegen Bakterien und fördern die Arbeit des Darms positiv. Der Pilz wird als Triebmittel beim Backen und zur Gärung von Bier eingesetzt. Getreidepresshefe ist eine obergärige Hefe, die etwas langsamer, aber umso zuverlässiger, nachhaltiger und sicherer treibt.

Hefepilze sind die Erreger der alkoholischen Gärung. Sie bewirken eine Umwandlung der Zuckerlösung in Alkohol und Kohlensäure. Es stellt sich ein Gärungs- und Säuerungsprozess ein, der zu einem raschen Quellen und Aufgehen des Teiges führt. Zu Vermehrung benötigt Hefe Zuckerstoffe (abbaubare Stärke), Eiweißstoffe, Nährsalze und Wasser. Hefe hat die Aufgabe, unseren Teig lockerer und das Gebäck verdaulicher zu machen.

Hefetipps

■ Die beste Triebkraft hat Hefe bei 30 bis 32 °C, bei 57 °C geht sie kaputt.

■ Hefe sollte in Flüssigkeit aufgelöst werden, um sich gleichmäßiger im Teig zu verteilen.

■ Umgerechnet kommen auf 1 l Flüssigkeit 40 g Hefe.

■ Hefe kann ich einsparen, wenn ich einen Vorteig bereite.

■ Bei direkter Teigführung (also ohne Vorteig) rechnet man mit 20 bis 30 g Hefe auf 1 kg Mehl.

■ Bei indirekter Teigführung (also für einen Vorteig, der über Nacht stehen sollte) geben wir zuerst 10 g Hefe auf 1 kg. Je weniger Zeit wir haben, den Teig stehen zu lassen, desto mehr Hefe sollten wir hinzufügen.

■ Haben wir einen Teig mit vielen Zutaten wie z.B. Sämereien (also Körner), erhöhen wir die Hefegabe – ebenso bei kalter Witterung.

■ Frische Hefe erkennen Sie an einem muschelartigen Bruch. Außerdem löst sie sich im Wasser leicht auf und sinkt langsam zu Boden.

■ Hefe sollte luftig, kühl und trocken aufbewahrt werden.

Molke

Molke, anstelle von Wasser verwendet, hat viele Vorteile. Molke ist nahezu fettfrei und besteht zu 95 Prozent aus Wasser. Mit nur 24 Kalorien pro 100 g, leicht verdaulichen Kohlenhydraten und hochwertigem Eiweiß ist sie ein schneller Energielieferant für Ausdauer und Konzentration. Ihr Milchzucker regt die Verdauung an, ihre Mineralstoffe bringen den Zellstoffwechsel auf Touren.

Hopfen und Malz

Anstelle von Wasser können Sie in Ihrem Teig Bier und gekeimte Braugerste, auch als Treber bekannt, verarbeiten. Als Gewürze passen dazu Basilikum, Koriander und Ysop. Aber auch nur mit Kümmel schmeckt dieses Brot sehr gut.

Backmalze

Backmalze wirken gärfördernd. Die Gare wird beschleunigt, weil die Hefe durch den Malzzucker, die löslichen Eiweißstoffe und die Mineralsalze gute Lebensbedingungen findet, sich kräftig vermehren und durch die Zuckerzufuhr in kürzerer Zeit mehr Kohlensäure erzeugen kann. Backmalze finden besonders beim Backen von Semmeln und Weißbrot, also in Weißgebäck, Verwendung. Die Gebäcke werden dadurch größer, bräunen besser, haben eine schönere Kruste, einen aromatischen Geschmack, bleiben länger frisch und weisen eine bessere Schnittfestigkeit auf.

Bei Malzmehl rechnen wir 15 bis 30 g auf 1 l Flüssigkeit.

Traditionelle Herstellung von Backmalzen
Als Rohprodukt wurde zur Herstellung von Backmalzen neben Weizen in der Hauptsache Gerste verwendet. Der Hauptbestandteil des Getreides ist Stärke. Hefe kann diese nicht ohne Weiteres vergären, die Stärke muss also in Zucker umgewandelt werden. Diese Umformung geschieht durch das Ferment Diastase. Sie bildet sich beim Keimen aller Früchte. Fermente und Enzyme haben die Eigenschaft, andere Stoffe ohne Selbstzersetzung umzuformen. Bei der Verwandlung von Stärke in Zucker spricht man von diastatischen Fermenten.

Bei der Malzherstellung lässt man Getreide, nachdem es gründlich gereinigt wurde, in großen, mit Weichwasser gefüllten Bottichen quellen. Das Weichwasser wird dabei immer wieder erneuert, dabei wird frische Luft zugeführt. Die weitere Behandlung nennt man Mälzen, diesen Vorgang kennt man auch von der Bierherstellung. In große Becken, die über eine separate Luftzufuhr verfügen, wird unser Getreide aufgeschüttet und während der Keimung immer wieder bewegt. Je länger die Keimung dauert, umso höher der Malzgehalt. Wenn der Blattkeim, der von der Wurzel zur Kornspitze wächst, groß genug geworden ist, wird der Keimvorgang unterbrochen.

Dieses sogenannte Grünmalz wird auf Darren gebracht, um den Keimvorgang durch das Trocknen zu beenden. Zum Schluss wird der Keimansatz durch Putzmaschinen entfernt und die Malzkörner zu Malzmehl vermahlen.

Haben wir ein sehr dunkles Malzmehl, so wird unsere Krume entsprechend dunkel. Ist es aber zu hell, zeigt es zu geringe Wirkung. Echtes Malzmehl ist nur noch selten zu finden.

Ein Bier in der Not ist ein ganzer Laib Brot.

(Österreich)

Backferment

Wie Sauerteig ist Backferment ein alternatives Triebmittel, mit dem wir auch ohne Hefe backen können. Backferment ist ein Sauerteig, der gut zugedeckt mindesten fünf Tage in der Wärme geführt wird. Der Unterschied zum herkömmlichen Sauerteig ist, dass er aus Dinkel- oder Weizenmehl (am besten Vollkorn) hergestellt wird. Wir können dann beim Backen auf die Hefe verzichten, was für Allergiker zum Teil recht wichtig ist. Die Schwierigkeit dabei ist, den Säuregrad richtig zu führen, sodass sich ein ausgewogenes Milchsäureverhältnis bildet.

Wir setzen das Vollkornmehl mit Honig (er verhindert die Vermehrung von Essigsäure) und Wasser zu einem zähen Teig an und rühren am darauffolgenden Tag etwas Wasser und wieder Vollkornmehl hinzu. So verfahren wir fünf Tage lang. Bitte nicht vergessen, ihn täglich zu füttern, sonst kippt er um und ist kaputt. Durch dieses lange Ansetzen wird das Getreide optimal aufgeschlossen und die Vitalstoffe und Mineralien wie Kalium und Magnesium sowie Zink werden für den Körper aufgeschlüsselt.

Ist unser Backferment fertig, also ein schöner, mit Bläschen durchsetzter, säuerlicher Brotteig, können wir ihn verwenden, in den Kühlschrank stellen (dort hält er sich zwei Wochen) oder einfrieren. Es kann für fast jedes Rezept verwendet werden.

Zum Backen lösen wir ca. 20 g in Wasser auf und geben einen Teil unseres Mehles hinzu, sodass sich eine breiige Masse bildet. Diese lassen wir bis zum nächsten Morgen bei 28 °C gut zugedeckt gehen. Am nächsten Tag die restlichen Zutaten hinzufügen und den Teig 15 Minuten kräftig kneten. Alles für mindestens eine Stunde abgedeckt gehen lassen. Brote formen und nochmals etwa eine Stunde ruhen lassen. Dann bepinseln wir unser Brot mit heißem Wasser und schieben es in den heißen Ofen, nach Belieben noch ein paar Mal einstechen oder einritzen. Bei 200 °C beträgt die Backzeit ungefähr 45 Minuten – je nach Brotgröße vielleicht auch etwas länger.

Brotcoloration

Um ein Brot mit einer dunkleren Krume zu erhalten, ist der Einsatz von Röstmehl geeignet. Röstmehl bereiten wir, indem wir Mehl etwa einen Zentimeter hoch auf ein Backblech sieben und es dann im Ofen bei 220 °C rösten. Dabei wird das Mehl immer wieder gewendet und umgerührt, bis sich eine kakaobraune Färbung bildet. Von diesem Mehl geben wir dann bis zu drei Prozent in unseren Brotteig.

Traubenkerne

Traubenkernmehl wird bei der Herstellung von Traubenkernöl gewonnen. Mehl aus Traubenkernen unterstützt das Immunsystem durch das darin enthaltene OPC (oligomeres Procyanidin), ein starkes und lange wirksames Antioxidans, das unsere Zellen schützt, indem es freie Sauerstoffradikale neutralisiert. Für ein Kilogramm Traubenkernmehl braucht man die Kerne von 50 Kilogramm Trauben, die getrocknet, auf Spezialanlagen gemahlen und nach unterschiedlichen Körnungen gesiebt werden.

Traubenkernmehl lässt sich besonders leicht verarbeiten (achten Sie beim Kauf auf besonders feine Vermahlung). Nicht nur Brot, sondern auch Pfannkuchen, Pizza, Semmeln und Kuchen können durch die Beigabe von fünf bis sieben Prozent Traubenkernmehl zu antioxidativen Kraftpaketen werden. Ersetzen Sie 10 bis 15 Prozent an herkömmlichem Mehl einfach durch das weitgehend geschmacksneutrale Traubenkernmehl und Ihr Brot erhält eine rötliche Farbe.

Besser ist es, die Zunge zu beherrschen, als zu fasten bei Wasser und Brot.

Johannes vom Kreuz

Das Brot mit harten Talern

Eines Tages gingen zwei Frauen unweit Leutenberg mit ihren Tragkörben ins Holz. Sie unterhielten sich von häuslichen Geschäften, unter anderem auch vom Brotbacken, das beide am nächsten Morgen vornehmen wollten. Auf einmal ging ein Waldweibel neben beiden her und rief sie bittend an: »Backt mir doch auch ein Brot, so groß wie ein halber Mühlstein!« – »Haben der Mäuler genug daheim, die essen wollen, können nicht für Fremde backen!«, erwiderte die eine jener Frauen. »Tu es doch aus Erbarmen«, bat das Holzweiblein, »legt das Brot nur auf diesen Baumstrunk, der mit drei Kreuzen bezeichnet ist! Hier hol' ich's ab.« Damit war das Waldweiblein den Frauen aus den Augen.

Diese aber wollten doch gern wissen, ob das Brot abgeholt werden würde, und legten deshalb von ihrem Gebäck ein Brot auf die bezeichnete Stelle.

Drei Tage darauf hatten sie wieder im Holze zu tun. Sie gingen auf den alten Stock zu, um zu sehen, ob das Brot noch vorhanden sei. Es war noch da, unberührt, wie es schien, und noch ganz. Da dachten die Frauen, es sei Sünde, das liebe Brot so im Freien umkommen zu lassen, zumal sie es keineswegs übrig hatten, und nahmen es wieder an sich. Es war schwer geworden und drückte ordentlich im Korbe. Daheim schnitten sie das Brot an. Da war es – o Wunder! – voll harter Taler, die klirrend herausrollten. Sie teilten das Geld unter sich. Es war des Waldweibleins Lohn für ihr Erbarmen, und so war den beiden Frauen auf lange Zeit hinaus geholfen.

Bechstein

Der alte Müller

In meinen jungen Jahren,
da musst ich's oft erfahren,
dass es nichts Schöneres kann geben,
als ein leidenschaftliches Müllerleben,
Wie trug ich gern, gesund und wohlauf,
100 kg Mehl oft zwei Stiegen hinauf.
Und freute mich fast übermächtig
Übers Sackgeld, das so prächtig.
Bevor ich nun zurückfuhr in die Mühl',
gab's unterwegs der Wirtshäuser viel.
Das Trinkgeld wurde umgesetzt
in Bier und Brotzeit zur Stärkung jetzt.
So verging ein langes Müllerleben,
Mit Freud und Leid und Gottes Segen.
Der weiße Kittel hängt nun im Schrank,
ohne Unfall – »St. Nepumuk, dir sei Dank!«
Der Mehlstaub ist jetzt verweht,
kein Sack mehr in der Mühle steht.
Das Säcketragen ist auch vorbei,
geblasen wird's Mehl in die Bäckerei.
Die Müller werden trotzdem weitermahlen,
mit Technik und Computerzahlen.
Darum lebe der Gruß »Glück zu!«,
und begleite den Müller zur ewigen Ruh'.

Helmut Gollisch

Gewürze

Als das Brot »erfunden« wurde, bestand es meist nur aus Mehl und Wasser. Heute prägen die richtigen Gewürze die Bekömmlichkeit und den Geschmack des Brotes. Damit unser selbst gebackenes Brot wirklich gut schmeckt, muss dem Brotgewürz große Aufmerksamkeit geschenkt werden. Des Weiteren sind Brotgewürze auch für eine bessere Verdauung verantwortlich. Damit hat das Brot einen noch wertvolleren Nutzen für unsere gesunde Ernährung.

Brotkräutermischungen

Geeignet sind Kräuter wie Petersilie, Brennnessel, Kamille, Liebstöckel, Koriander, Wacholderbeeren, Kümmel, Senfkörner, Anis, Fenchel, Schabzigerklee.

Brot nach Art der heiligen Hildegard von Bingen enthält viele Vitalstoffe wie z.B. Scharfstoffe, Bitterstoffe, ätherische Öle und natürliche Aromastoffe sowie sekundäre Pflanzeninhaltsstoffe. Gewürzt wird dieses mit Brennnessel, Fenchel, Schabzigerklee, Bertram, Quendel, Muskatnuss, Beifuss, Ysop und Dill, hinzu kommen außerdem Flohsamen.

Oder probieren Sie es mal mit einem ayurvedischen Brot: Backen Sie gekeimten Bockshornklee und Curry oder vielleicht auch noch Sprossen von Kichererbsen mit ein.

Eine weitere schöne Idee: Gänseblümchen und Sonnenblumenkerne bringen Sonne in unser Brot.

Hartes Brot verlangt scharfe Zähne.

(Frankreich)

Anis

(Pimpinella anisum)

Der gewöhnliche Anis ist ein dem Kümmel ähnliches Gewächs. Die süßlich schmeckenden Früchte sind von graugrüner Farbe, etwas birnenförmig, 3 bis 4 mm groß und enthalten zwei bis drei Prozent ätherisches Öl. Die kräftigende Wirkung von Anis zur Linderung von Verdauungsbeschwerden wird von alters her sehr geschätzt. Wir können die Anisblätter, wie beim Koriander, auch frisch verwenden. Aussaat im Frühjahr, Ernte wie beim Kümmel.

Fenchel – Teefenchel

(Foeniculum vulgare)

Fenchel ist ein beliebtes Hausmittel gegen Verdauungsprobleme. Dazu nehmen Sie einen Teelöffel Fenchelsamen, mörsern sie leicht an, kochen sie dann kurz in Wasser auf, schalten die Temperatur niedriger und lassen das Ganze leicht weiterköcheln. Den Herd erst abstellen, wenn der Tee zu duften beginnt, und noch 5 Minuten ziehen lassen. Dann abseihen.
So entfaltet sich die verdauungsfördernde Wirkung am besten. Genau so kann man auch Kümmel oder Anis usw. verwenden.

Koriander

(Coriandrum sativum)

Eine Bereicherung in jedem Garten – und Schnecken mögen ihn nicht. Koriander ist eine dem Kümmel ähnliche Pflanze mit weißen bis zart lavendelartig violetten Blüten. Der Samen ist fast kugelig und von strohgelber Farbe. Als einjährige Pflanze wird er 45 bis 60 cm hoch. Geerntet wird er wie der Kümmel. Die Körner können frisch oder getrocknet verwendet werden. Achtung: Nicht neben Petersilie pflanzen, die beiden Kräuter sehen sich zum Verwechseln ähnlich – wenn Sie einen seifigen Geschmack in Ihrem Kartoffelsalat bemerken, ist es schon zu spät.

Kümmel

(Carum carvi)

Eine eigentlich zweijährige Pflanze, die mittlerweile auch einjährig auf dem Markt ist. Kümmel ist ein Doldengewächs, oft auch wild wachsend. Die Aussaat erfolgt im Frühjahr und ein Jahr später können wir die Blüten bewundern. Die Kümmelpflanze liebt trockenen Boden. Ihre Samen reifen nicht gleichzeitig, so kann ich die ersten Früchte schon zu Beginn des Sommers ernten. Um einen gewissen Vorrat anzulegen, schneide ich immer wieder die reifen Stiele ab und binde sie zu kleinen Sträußen, die ich an einem sauberen, trockenen, warmen und luftigen Ort aufhänge. Darunter lege ich Papier, um die herausfallenden Körner aufzufangen. Die Kümmelkörner sind dunkelbraun und stark ölhaltig.

Schabzigerklee

(Trigonella coerulea)

Eine alte Würzpflanze, auch Zigeunerkraut oder Blauer Klee genannt. Sobald sich Samen bilden, wird das ganze Kraut getrocknet. Nur so erhält es seinen typischen, leicht nach Liebstöckel duftenden Geschmack. Eine überaus schmucke Pflanze für Ihren Garten mit einem kräftigen Wuchs und Blüten, die auch gut in einen Salat passen.

Backtechniken

Das Formen der großen Brote erfordert Geschicklichkeit, Wissen über die Teigzubereitung, darüber, wie lange und wie fest geknetet werden darf und wann die optimale Dehnbarkeit erreicht ist, Sauerteigführung verlangt eine gute Nase, Gehzeiten einen guten Beobachtungssinn und die Feuerung eines Holzofens viel Gefühl. Wer diese Dinge gut beherrscht, kann sich an die Kür wagen – das Formen von Gebildbroten und Brezen und die Entwicklung eines eigenen Brotstils.

Das Backen im Backofen

Verbindlich lassen sich weder Backzeiten noch Backofenhitze angeben, denn je nach Ofen können beide Werte differieren. Die Angaben in den Rezepten sollten Sie immer nur als Richtwerte sehen.

Wichtig für Brot ist es, dass Ihr Ofen maximal aufgeheizt ist, das bedeutet: auf 250 °C vorheizen.

Roggenbrot schieben wir bei 250 °C in den Ofen, Weizenbrot bei etwas niedrigerer Temperatur – bei 200 bis 230 °C. Gleich am Anfang sprühen wir mit dem Pflanzenzerstäuber ca. zehnmal in die Backkammer, oder wir schütten heißes Wasser in ein Schlüsselchen am Boden des Ofens. Nach ca. fünf Minuten öffnen wir die Backofentür kurz und schalten zurück auf 200 °C, nach weiteren zehn Minuten dann auf normale Kuchentemperatur (zwischen 160 und 180 °C). Unser Brot bleibt bis zu 1,5 Stunden im Ofen. Nur so bekommen wir eine kräftige Kruste.

■ Wer ein Brot mit weicher Rinde haben will, stellt ein Wasserschälchen in den Ofen und reduziert die Backzeit auf ca. eine Stunde.

■ Für ein Holzofenbrotaroma legen Sie ein gewässertes Holzscheit in den Ofen. Dieses jedoch nur einmal verwenden.

■ Für ein Steinofenbrot benötigen Sie einen Backstein oder 2 »heiße Steine«. Am schönsten wird es, wenn Sie ihn aufheizen, dann einen Zopf darauf backen und anschließend Ihr Brot. Denn dann ist der Stein richtig aufgeheizt und das Brot bäckt darauf wunderbar.

■ Für Allergiker gilt: Wenn Weizen länger über 200 °C erhitzt wird, vermindert sich das Hauptallergen Alpha-Amylase-Inhibitoren stark.

Der Ofen ist ein schwieriger Gesell
Oft bäckt er dunkel, oft zu hell

Der Trieb im Teig befriedigt nur,
hältst du die rechte Temperatur!

Mein Holzbackofen

Bei einigen Gläschen Wein und in langen Nächten entstand die Idee für unseren Backofen. Wir wollten einen Ofen, der indirekt geheizt werden soll – bei dem die Wärme also nicht über die Backkammer, sondern über Züge ins Innere des Ofens geleitet wird. Mein Mann Franz baute einen soliden Unterbau: in der Mitte hohl und mit der Bodenplatte über Luftzüge verbunden. Als Boden für den Backraum wählte er alte Reichsformatziegel ohne Löcher. Die Steine wurden passgenau eingefügt. Dann wurde ein Doppelrand (wie auf dem Bild) gemauert. Im Anschluss wurde aus Sägemehl und Wasser im Betonmischer ein fester Teig gerührt, der so lange auf die Bodenplatte gebracht wurde, bis er die Form eines Brotlaibes ergab. Auch die Höhe war wichtig: nicht zu flach.

Anschließend mauerte Franz im Kreis und ließ dabei eine Lücke für den Kamin und das Ofentürl. Eine zweite Ziegelschicht kam dann zur besseren Wärmespeicherung darüber. Der Kamin wurde aufgesetzt, mit einer Klappe zum Öffnen und Schließen für den Zug. Unser Backofentürl ist aus Holz. Ein Temperaturfühler ist für den Anfang sehr wichtig, um die Hitze kennenzulernen. Geheizt wird der Ofen von unten in einem Blecheinsatz mit Eisentüren. So ist es möglich, mehrmals am Tag zu backen, ohne zum Nachheizen in die heiße Backkammer zu müssen. In unseren Ofen passen 25 Laibe Brot.

Ein schönes Buch zum Backofenbau: »Holzbacköfen im Garten« von Claudia Lorenz-Ladener, herausgegeben im ökobuch Verlag.

Steinerne Brotlaibe

Da und dort gibt es Leute, die sind von einer wahren Arbeitswut besessen, kennen keinen Feierabend und keinen Feiertag. Ein solcher Mensch war auch eine Bäuerin in Fischbach. Von früh bis spät werkelte sie wie wild im Haus und Hof, im Stall und Garten, und kaum einer hat sie jemals, außer bei den nötigen Mahlzeiten, ruhig auf der Bank in der Stube sitzen gesehen. Jahrein, jahraus ging sie nur im Arbeitsgewand, denn auch an den Sonn- und Feiertagen gönnte sie sich nicht wie andere Leute Erholung oder Besinnung. Das Nicht-genug-arbeiten-Können war bei ihr eine Manie geworden, und wer sie darauf ansprach, den ließ sie mit einer groben, verletzenden Antwort als »Faulpelz« oder »Nichtstuer« abfahren.

Nun wurde es einmal wieder Weihnachten. Am Heiligen Abend noch richtete die ruhelose Alte Brotteig im Trog her, der dann auf Nacht noch gebacken werden musste. Also schleppte sie auch das nötige Brennmaterial, Reisig und Buchenscheiter, zum Backofen hinterm Haus. Das Brotbacken war aber nach Meinung aller am Heiligen Abend nicht erlaubt, und wer es trotzdem tun würde, dem würde diese Arbeit Unglück bringen.

Als die Glocken des Fischbacher Kirchleins auch der arbeitswütigen Frau auf ihrem abgelegenen Bauernhof den baldigen Beginn der Christmette verkündeten, da war diese gerade dabei, die Brotlaibe in den Backofen zu schieben. Zur gleichen Zeit kam die Bäuerin vom Nachbardorf, auf dem Weg in die Christmette, bei ihr vorbei. Diese stellte sie zur Rede wegen ihres unchristlichen Tuns: »Aber Berndlin! Alles was recht ist! Du musst dich doch der Sünden fürchten, wenn du jetzt Brot backst, wo alle die Geburt des Herrn feiern gehen! Brot backen tust du in dieser geheiligten Nacht! Das bringt dir gewiss keinen Segen«.

Dass sie so gemaßregelt wurde, das ärgerte die Berndlin gewaltig, und sie rief der kopf-schüttelnd weitergehenden Nachbarin einen derben Fluch nach und schrie: »Jetzt ist's schon drinnen! Von mir aus macht der Teufel Steine draus!«

Grad wollte sie sich umdrehen und erbost ins Haus gehen, da hörte die Bäuerin aus dem verschlossenen Backofen eine dumpfe Stimme: »Alte Frettn, geh in d'Metten! Dieses Brot bringt dir Nooot!« Da ist die hartgesottene Alte denn doch erschrocken. Aber was blieb ihr übrig? Jetzt musste sie schon warten, bis die Backzeit um war. Nach einer guten Stunde ging sie hinaus, um die fertigen Laibe aus dem Ofen zu holen. Doch was sie in der Wut der Nachbarin nachgerufen hatte, war in Erfüllung gegangen: Aus dem Backofen zog sie nichts als lauter brotlaibgroße Steine heraus. Ob sich die »alte Frettn« jetzt gebessert hat?

Brotinitialen

Bevor wir unser Brot in den Ofen schieben, können wir es noch liebevoll verzieren. Früher wurde der Backofen oft von verschiedenen Familien gleichzeitig genutzt und so musste jeder sein Brot kennzeichnen. Als sakrales Zeichen und als stilles »Vergelt's Gott«, weil er uns das tägliche Brot gibt, werden beispielsweise die InitialenINRI oder IHS mithilfe eines Stempels in die Mitte des Laibes gedrückt.

Das Darren von Getreide

Eine Möglichkeit, den Geschmack noch zu verfeinern,ist das Darren. Früher wurden Körner gedarrt, um sie haltbarer zu machen. Durch das Darren werden sie leichter verdaulich und erhalten einen angenehm nussigen, leicht rauchigen Geschmack. Ich kann aber nur 20 Prozent der gedarrten Getreidekörner zum Mehl geben, da sonst die Backfähigkeit leidet. Das Darren kann man auf alle Getreidesorten anwenden. Dazu wird das Getreide über Nacht gewässert. Alle Körner sollten bedeckt sein, ähnlich wie bei Hülsenfrüchten.

Die Körner schütten wir dann gut abgetropft auf mehrere Bleche, wobei die Körner nicht aufeinanderliegen sollten. Man gibt die Bleche bei ca. 70 °C in den Ofen und lässt sie dort bei leicht geöffneter Tür bis zu fünf Stunden. Die Körner während dieses Vorgangs öfter umrühren. In der Pfanne funktioniert das Ganze schneller, brennt aber auch leicht an.

Typisches Darrgetreide ist Dinkel – wenn er frühzeitig in der Milchreife geerntet und dann gedarrt wurde, nennt man ihn Grünkern.

Klopfprobe

Wir heben den Brotwecken in die Höhe und klopfen mit den Fingerknöcheln auf den Brotboden. Wenn es sich hohl anhört, ist das Brot fertig. Wenn es dumpf klingt, müssen Sie die Backzeit verlängern, bis der Ton passt.

Schwaden

Zum Backen von Kleingebäck und Brot gehören ein dampfdichter Backofen und lang anhaltende Wärme. Und wenn möglich, auch noch die Möglichkeit zum Schwaden. Der Schwaden ist der in den Backofen eingeführte Wasserdampf, auch Schwüle, Schwell und Wrasen genannt.

In modernen Backöfen können die Schwaden über den Ofen gesteuert werden. Das geht in den meisten Haushaltsöfen nicht. In diesem Fall legen Sie ein leeres Backblech auf den Ofenboden. Wenn die Teiglinge eingeschoben werden, schütten Sie ein großes Glas heißes Wasser auf das heiße Blech und schließen den Ofen schnell wieder.

Dieser Vorgang hat die Aufgabe, die Teigrinde so lange weich zu halten, bis die volle Ausdehnung erreicht ist. Durch Verkleisterung an der Oberfläche entsteht ein schöner Glanz. Die Ofenhitze überträgt sich zunächst auf die äußere Teigschicht, wodurch die Rindenbildung eingeleitet wird, d.h., es bildet sich zunächst eine zarte Hautdecke. Diese hält nun den Teig zusammen, besitzt aber noch ausreichende Elastizität, besonders unter Einwirkung der Schwell, um sich mit dem Teiginneren auszudehnen. Im Ofen findet sozusagen die besonders wichtige Endgärung statt, wobei sich noch Alkohol und Kohlensäure bilden. Unser Gebäck wächst im Ofen.

Der Gewichtsverlust durch das Backen beträgt beim Weißgebäck etwa 20 Prozent. Ist der Ofen heiß, bäckt sich weniger, ist er in seiner Temperatur schwächer, bäckt sich mehr ein. Zu reifes Gebäck hat größeren, zu junges Gebäck kleineren Backverlust. Dies bezieht sich auf die Gehzeiten.

Nach dem Ausbacken wird das Gebäck des schönen Glanzes wegen noch einmal leicht mit Wasser bestrichen.

Der Bäcker

Gottlob, dass ich ein Bäcker bin!
Ich mein, ich bin's in Ehren.
Und dass ich habe frohen Sinn
Soll mir kein Teufel wehren.

Ein jeder bäckt auf seine Art
Sich Träume, Wünsche, Grillen,
Der eine weich, der andere hart,
Der lieben Ehre willen.

Ich backe Brot, Brot geht voran
Vor allen Gottesgaben,
Das müssen Bauer, Bürgersmann
Und Rat und König haben.

Mein Ofen spendet liebes Gut
Für tausend Menschenleben,
Und mir wird auch, was nötig tut,
Zur vierten Bitte geben.

Gottlob, dass ich ein Bäcker bin!
Ich mein, ich bin's in Ehren,
Und dass ich habe frohen Sinn
Soll mir kein Teufel wehren.

Bäckerspruch
aus dem 18. Jahrhundert

Brotbackfehler

Vorab die Grundregel: Nur durch einen fein abgestimmten Reifungsprozess gelingt ein gutes Gebäck. Das Wasser, das wir für unser Brot verwenden, sollte von bester Qualität sein – der Wassergehalt unserer Brote liegt bei etwa 40 Prozent. Allgemein gilt: Lässt man den Teig zu lang garen, wird er überreif und bringt keinen Trieb mehr! Kann er sich aber nicht lange genug entwickeln, fehlt ihm der Geschmack. Dunkle Teige lieben es, langsam und bedächtig geknetet zu werden, die helleren jedoch mögen es kräftig und schneller. Hier verrate ich Ihnen, welche Fehler Ihnen beim Backen passieren können, ihre Folgen und wie sie zu vermeiden sind.

Seitliche Risse: Zu knappe Gare oder der Ofen war zu heiß, dadurch kommt es schneller zur Krustenbildung. Schieben Sie das Brot später in den Ofen oder mehrere Brote nicht so eng zusammen!

Oberflächenrisse: Zu knappe Gare oder zu wenig Wasser. Geben Sie das Brot später in den Ofen und eventuell mehr Wasser dazu.

Farbloses Brot: Beim Einschieben den Wasserdampf vergessen?

Tipp: Möchte ich eine einzigartige Kruste, dann backe ich mein Brot nach dem Zurückschalten doppelt so lange bei milder Hitze (max. 150 °C) nach – bis zu 2 Stunden.

Sauerteigbrot: Roggenmehl ist an sich nicht backfähig. Roggenteig lässt sich nicht wie Weizenteig mit Hefe allein lockern – ohne erhebliche Weizenmehlzugabe fällt mit Hefe gelockertes Roggenbrot denkbar schlecht aus, hat keinen Zusammenhang und ist klitschig. Wir brauchen also den Sauerteig mit seiner Säure, um es backfähig zu machen. Nur so kann sich ein Klebergerüst bilden und ein normal gelockertes und geschmacklich zusagendes Brot entstehen.

Wenn kurz der Kleber und nicht dehnlich
So wird die Krume unansehnlich.
Mit schlechtem Mehl bäckt selbst der Meister
Meist schlechtes Brot, manchmal nur Kleister.

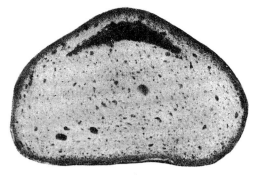

*Zu junger Sauer, wenig Trieb, wenig Säure,
oft auch zu heißer Ofen*

Alter Sauer, weicher Teig

*Zu junger Sauer, wenig Säure, Trieb genügend,
besser kneten*

Alter Sauer, weicher Teig, zu lange gebacken

Zu junger Sauer, auch zu kalter Ofen

*Zu wenig Sauer, fester Teig,
kann auch schlecht backfähiges Mehl sein*

Zu wenig Sauer, weicher Teig

*Sauer, zu kalt geführt, zu knappe Gare und der
Ofen zu heiß, auch zu fester Teig*

Fester Teig, knappe Gare

Zu weicher Teig, heißer Ofen

Fester Teig, knappe Gare, schlechter Trieb

Weicher Teig, auch zu warm, reiche Gare

*Zu frisches kaltes Mehl, schwacher Trieb,
weicher Teig*

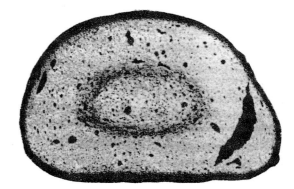

*Zu junger Sauer, auch zu wenig,
schlecht aufgetragenes Mehl, während des Backens
auftretender Druck oder Abkühlen des Ofens*

*Wenig Säure, ungenügender Trieb,
schlecht quellfähiges Mehl*

*Zu reifer Sauer, zu warme Führung, Grundsauer zu stark,
zu weicher Teig und besser kneten, nicht so lange gehen
lassen, Ofentemperatur reduzieren*

*Zu reife Sauerführung, knappe Gare, Mängel
in der Sauerteigführung, frischen Sauerteig
ansetzen*

*Zu kalt gegossen, zu fester Teig,
schlechter Trieb, knappe Gare*

*Abgefressener Sauer, schlechte Gare,
länger gehen lassen, zu fester Teig*

*Krümelndes Brot, zu fester Teig,
hoher Weizenmehlzusatz*

*Schlechtes Wirken, kalter Ofen,
zu geringe Teigsäuerung*

Weicher Teig, zu eng geschoben

*Schlecht quellfähiges Mehl, zu wenig ausgebacken,
mehr Sauerteig verwenden und besseres Mehl nehmen,
länger backen*

Züge zu spät geöffnet

Rezepte

Vom Brotwissen
zur Kür

Über Generationen wurde unser Brotwissen weiter-
getragen – vielfach nur mündlich überliefert. Jeder
Brotlaib verbindet uns mit dem täglichen Leben und
den Generationen vor uns. Bevor Sie sich an die Rezepte
wagen, sollten Sie sich die Zeit nehmen und die
vorherigen Kapitel in aller Ruhe verinnerlichen. Dann
kann nichts mehr schiefgehen. Denn wenn Sie um die
Brotfehler und ihre Entstehung wissen, sind die Rezepte
die Kür.

Brot und die vier Elemente

Ein richtiges Brot enthält die vier Elemente Erde, Wasser, Luft und Feuer. Sie tragen in der Reihenfolge von Auflösen, Keimen, Sprossen und Reifen zum Getreidewachstum bei und finden sich in gleicher Folge bei dem Brotbereitungsprozess wieder. Die Auflösung des festen Mineralischen, das symbolhaft für die Erde steht, findet sich im Mahlen wieder, wenn das feste Korn seine Gestalt verändert und zu Mehl oder Schrot aufgeschlossen wird. Die Berührung mit dem Wasser leitet dann chemische und physikalische Veränderungen ein und findet seine Analogie in der Teigbereitung. So, wie der Getreidehalm der Sonne entgegenwächst, liegt eine Parallele in der Teiggare – Luft und Licht finden sich hier im Ausdehnen wieder. Das Korn findet

seine Vollendung beim Reifen in der Sonne, so wie das Brot eine Fixierung der Form im heißen Ofen, idealerweise im Feuer, erfährt.

Um die vier Elemente in ein Brot zu verwandeln, brauchen wir den Sauerteig. Vollwertiges Sauerteigbrot ist ein Genuss für alle Sinne – und für unsere Gesundheit. Ein gutes Brot aus Roggensauerteig liefert uns in nur vier Scheiben den Tagesbedarf an Vitamin B_{12}. Es enthält die bioaktiven Stoffe Polyphenole, die auch im Rotwein stecken. Phytoöstrogene wirken sich, ähnlich wie Soja, positiv auf den weiblichen Östrogenhaushalt aus. Alkylresorcinole wirken antithrombotisch.

Erde

Mehl ist die Blüte der Erde. Das Korn hat in der Erde, vom Menschen bearbeitet, gekeimt. Als Symbol der Wiedergeburt hat es den Winter unter der Erde in der Ackerfurche verbracht, bevor es im Frühling wiedergeboren wird und die Strahlen der Sonne in der gelben Ähre wirken lässt. Wenn das Korn ganz reif ist, im Juli, werden die Ähren geerntet und gedroschen, und werden wieder zu Körnern, die gereinigt werden. Bis sie gemahlen werden und sich mit dem Wasser zum täglichen Brot vereinigen.

Die Achtung vor der Scholle bewahren und unsere Ressourcen schonen.

Was ich mit meinen eigenen Händen bearbeite, berührt direkt meine Seele. Brotbacken erdet mich, es macht meinen Kopf frei. Ich kann schöpferisch tätig werden.

Wasser

Wasser gilt als Urkraft und als Sinn-bild des Lebens. Es kreist zwischen Himmel und Erde.

Wasser im Brot ist wichtig. Gutes Sauerteigbrot bindet mehr Wasser als helles Mischbrot.

Unser Brot wird befeuchtet, bevor es in den Ofen kommt. Weiches Wasser gibt unserem Gebäck ein großes Volumen, aber die Krumen-ausbildung wird ungünstig beein-flusst. Hartes Wasser ist für die Backwarenherstellung besser geeig-net als weiches, durch seine minera-lischen Bestandteile wird der Kleber günstig beeinflusst und unser Teig erhält mehr Stand. Zu hartes Wasser jedoch reduziert die Größe unseres Gebäcks.

Luft

Bei der Teigzubereitung verbinden wir das weibliche Wesen des Wassers mit dem männlichen des Mehls unter Kraftanstrengung des fleißigen Bäckerknechts. Der Teig klebt, das Wasser fürchtet sich noch vor der Erde! Stöhnen! Die Luft, die zunehmend zwischen die beiden Elemente dringt, sorgt für ihre Vereinigung! Die drei Elemente Wasser, Erde und Luft verbinden sich. Die Gärung, dieser Satz ist wichtig, macht das Gebäck erst groß und richtig.

Früher legte man die Teigballen unter die Bettdecke, um sie warm zu halten, und die Kinder mussten stille sein, um das Brot nicht zu »erschrecken«. Wenn der Teig »reif« ist, muss man nur noch das Feuer bitten, die Verwandlung zu vollziehen.

Iss dein Brot mit »Bewusstsein«, heirate eine mit »Wurzeln«.

(Kurdisch)

Feuer

Der Backofen als Ort der Verwandlung: Wenn wir Öfen bauen, fangen wir das gefährlichste Element ein, das Feuer. Wir bändigen es und zwingen es in eine Backkammer. Aus dem ungenießbaren Teig wird durch die Hitze des Ofens ein knuspriges, wohlriechendes und -schmeckendes Brot. Beobachten Sie, wie Ihr Brot im Ofen aufgeht, und schenken Sie sich das Kostbarste, was wir haben: Zeit.

Hinweise zur Brotzubereitung

■ Alle Zutaten sollten **Küchentemperatur** haben – nur dann geht unser Teig gut auf. Optimal wären 27 °C, es reichen aber auch 21 °C.

■ Hefe- oder Sauerteige nicht in Zugluft stehen lassen. Damit sich unser Teig bei der Gare, also beim **Gehen,** nicht »erkältet«, wird er mit einem Tuch abgedeckt und vor Zugluft geschützt. Sauerteige gehen langsamer als Hefeteige. Deshalb bereiten wir bei manchen Broten den Vorteig bereits am Vorabend.

■ **Gewürze** entfalten ihr Aroma am besten, wenn sie gemahlen oder frisch gemörsert werden – wer eine Getreidemühle hat, kann sie auch mit dem Getreide vermahlen, so verbinden sich die Aromastoffe direkt mit dem Mehl. Bevor sie wieder Mehl für Kuchen mahlen, empfiehlt es sich aber, die Mühle gründlich zu reinigen, sonst schmeckt Ihr Kuchen nach Brot! Kümmel am besten mit heißem Wasser übergießen und dann ins Brot. Ich gebe ihn aber auch gerne schon in den Vorteig, so kann er gut durchziehen.

■ »**Dampferl**« nennt man den Hefevorteig. Hierfür wird ins Mehl eine Mulde gedrückt, die Hefe mit etwas lauwarmen Wasser oder Milch unter Zugabe von Zucker hineingebröselt und mit etwas Mehl zu einem Brei verrührt. Nun leicht mit Mehl bestäubt und gut zugedeckt an einem warmen, zugfreien Ort gestellt. Aufgegangen ist unser Vorteig, wenn sich Risse im Mehl zeigen und sich alles zu einem Hügel formt. Nun können wir die Teigzubereitung beginnen. Sollte ihr Dampferl nach 15 Minuten nicht aufgegangen sein, dann weg damit und noch einmal von vorne beginnen. In diesem Fall war die Frischhefe nicht mehr gut oder die Flüssigkeit zu warm. Es kann aber auch sein, dass Sie Salz anstelle von Zucker zur Hefe gegeben haben, und die Hefe jetzt kaputt ist.

■ Geknetet wird am besten mit den Händen, dann wird unser Brot schön luftig und locker. Eines ist beim **Kneten** wichtig, das Drehen und Drücken: Den Teig wieder und wieder von außen in die Mitte ziehen, draufdrücken und ihn ein wenig drehen, dann wieder das sich gebildete Eck in die Mitte ziehen, drücken und drehen, immer im Kreis herum, bis der Teig beginnt, kalt zu schwitzen. Roggenbrot klebt immer, also vorsichtig mit dem Mehl umgehen. Wir »mehlen« immer nur unter das Brot und nicht auf das Brot – und wirklich nicht zu viel, sonst wird unser Brot trocken. Wer viel Kraft und überschüssige Pfunde hat, sollte sein Brot mit der Hand kneten, denn dadurch erhöht sich unser täglicher Kalorienverbrauch. Das zweite Durcharbeiten des Teiges sollte immer mit den Händen erfolgen, dabei gilt es, die Struktur nicht mehr aufzureißen, sondern die Luftzellen, die sich gebildet haben, nur zusammenzudrücken.

■ Wer eine **Mehlallergie** hat oder es einfach nicht haben kann, wenn Teig an seinen Händen klebt, kann alle Zutaten auch in einen großen Gefrierbeutel geben, diesen gut verschließen und dann diese Tüte kneten. Mancher reibt sich seine Hände vor dem Kneten auch mit Öl ein, damit er nicht haften bleibt.

■ Die Teigruhezeiten hängen stark von der **Raumtemperatur** ab. Ist der Raum kühler, braucht unser Teig länger, bis er gegangen ist. Ideal sind um die 28 °C. Decken Sie den Teig am besten mit einer Folie ab. Das verhindert das Austrocknen der Oberfläche und lässt ihn besser aufgehen. Auch die Luftfeuchtigkeit hat Einfluss auf das Gehverhalten unseres Teiges. Wichtig ist, dass sich das Volumen verdoppelt hat, bevor wir weiterarbeiten!

■ Der **fertige Brotteig** sollte mit etwas Mehl bestäubt werden, das verhindert das Austrocknen der Oberfläche.

■ Die **Kruste** wird glänzend, wenn wir sie vor dem Backen mit einer Mischung aus einem geschlagenen Ei und einem Esslöffel Milch bestreichen. Knusprig wird's, wenn wir es oben und seitlich mit Eiweiß, das mit einem Löffel Wasser verschlagen wurde, einpinseln. Damit die Rinde beim Backen nicht reißt, wird das Gebäck vor dem Einschieben mit heißem Wasser oder Milch bestrichen. Eine glänzende Brotrinde erzielt man, wenn das Brot kurz vor dem Ende der Backzeit nochmals mit Wasser bepinselt wird. Will man eine würzige Rinde, gibt man etwas Salz ins Wasser.

■ Wer Probleme mit seinen Zähnen hat, also keine feste **Rinde** beißen kann, sollte mit dem Brot ein Schälchen mit Wasser in den Ofen stellen, so bleibt sie weicher.

■ Je höher der **Roggenmehlanteil** ist, desto länger hält sich das Brot, wird aber auch umso flacher.

■ Die **Brotfarbe** kann über die Mehltypen verändert werden. Je höher die Type, desto dunkler Ihr Brot.

■ Frisches Brot lässt sich gut **schneiden**, wenn das Messer vorher in kaltes Wasser getaucht wurde.

Die Mehltypen und ihre Backeigenschaften

Jedes Mehl ist in seiner Art für etwas anderes geeignet. Aus diesem Grund bin ich auch kein großer Freund von Backmischungen. Jeder, der sich schon mal etwas intensiver mit Brotbacken beschäf- tigt hat, wird mir zustimmen. Beispielsweise war kürzlich einer meiner Brotbackkursteilnehmer mit einem Freund bei mir in der Mühle und stellte sich die ganze Palette der verschiedenen Mehle

Weizenmehl

Type 405: Das klassische Haushalts- bzw. Kuchen- mehl mit guten Backeigenschaften und hohem Bindevermögen

Type 550: Gut geeignet für Weiß- und Toastbrote und andere Kleingebäcke mit goldbrauner Kruste wie z.B. Semmeln. Auch Schmalzgebäck gelingt damit sehr schön.

Type 815: Gut geeignet für Weißbrot mit dunklerer Krume.

Type 1050: Die höheren Schalenanteile dieses dunklen Mehles sind gut geeignet für Mischbrote mit einem herzhaften Geschmack.

Vollkornmehl: Ein vollwertiges Mehl für die Herstellung von Broten mit dunkler Krume.

Vollkornschrot: Auch Backschrot genannt, ein Mahlerzeugnis mit gröberer Körnung für dunkle Misch- und Schrotbrote mit festem Biss.

Weizendunst: Dieses feinkörnige Mahlerzeugnis ist gröber als Mehl, aber feiner als Grieß. Er wird zur Herstellung von Strudel, Spätzle, cremig-lockeren Süßspeisen und gewalzten Nudeln verwendet. Ich finde ihn sehr schön für Serviettenknödel und Ähnliches.

zusammen. Sein Freund war ganz erstaunt: »Ja, wofür brauchst du denn so viel verschiedenes Mehl? Mir reicht eine Sorte.« – »Ja weißt du, ich möchte Semmeln backen und der Strudel gelingt mit Dunst einfach besser, und dann brauch ich auch noch ein Mehl für meine Vinschgerl, das sollte aber heller als mein Brotmehl sein, denn sonst werden sie nicht so locker.«

Roggenmehl

Type 610: Das hellste Roggenmehl. Ich verwende es für Roggensemmeln oder Roggenschmalzgebäck, den sogenannten Schuxen.

Type 815: Für regionale Spezialitäten mit heller Krume.

Type 997: Ein Mehl für Einsteiger, zum Brotbacken sehr gut geeignet. Die Schnitzelpanade hält besser, wenn wir Roggenmehl statt Weizenmehl verwenden.

Type 1150: Gibt ein mildes Aroma, meist zusammen mit Weizenmehlen die Grundlage für herzhafte Mischbrote.

Type 1370: Das typische Bäckermehl für kräftige Roggen- und Roggenmischbrote mit guter Frischhaltung. Ich verwende es sehr gerne zur Herstellung von Sauerteig.

Roggenvollkornmehl: Gut geeignet für regional typische Schwarzbrote. Sehr kräftig im Aroma.

Roggenvollkornschrot: Als Beimischung zum Sauerteig oder für dunkle Schrotbrote.

Dinkelmehl

Type 630: Mit diesem Mehl können Sie Ihr Weizenmehl Type 405 ersetzen. Es ist sehr gut als normales Haushaltsmehl geeignet. Sehr schön gelingen die Teige mit einem Schuss Zitronensaft oder Essig.

Type 1050: Die erste Wahl beim Brotbacken, für Mischbrote sehr gut geeignet. Aber auch ein Mürbteig wird damit gut gelingen.

Vollkornmehl: Für alle vollwertigen Brote und Gebäcke.

Dinkeldunst: Der Strudel wird damit einfach wunderbar, und wenn Sie dann in den Teig anstelle von Öl flüssige Butter geben, wird das Ausziehen Ihnen ganz leicht gelingen.

Tipp: Beim Kneten neigen reine Dinkelteige oft zum Schmieren und das Gebäck wird etwas flacher. Kann behoben werden mit einem Schuss Zitronensaft, Essig oder Rum.

Spezialverarbeitungen

Bulgur und Couscous

sind aus Hartweizen hergestellt. Dazu kocht man Hartweizen, trocknet ihn anschließend und schrotet ihn in groben Bulgur oder feinen Couscous. In der Küche werden sie wie Reis verwendet.

Tau

ist kein Getreide, sondern ein Herstellungsverfahren. Dazu wird Getreide bis zu 14 Stunden in Wasser eingeweicht, bis sich ein Keimvorgang einstellt und dann bei gleichbleibender Temperatur bis zu 16 Stunden schonend im eigenen Dampf getrocknet. Nur so können Vitamine, Mineralien und Eiweiß von der äußeren Schicht des Korns ins Innere eindringen. Fertig ist Tau aber erst, wenn die äußere Schale abgeschält und das Korninnere schonend vermahlen wurde. Diese vorverdaute Getreide wirkt

sich kräftigend auf unseren Körper aus, da es ja schon verstoffwechselt wurde.

Grütze

Das Wort kommt aus dem althochdeutschen »gruzzi«, was so viel heißt wie »Grobgemahlenes«. Die Getreidekörner werden im Grützeschneider (also nicht auf einem Walzenstuhl) zerteilt. Je nach Einstellung entsteht feine, mittlere oder grobe Grütze.

Flocken

Getreideflocken sind gepresste Getreidekörner, die aus allen Getreidesorten hergestellt werden können. Dazu werden die vollen oder entspelzten Körner kurz gedämpft und danach zwischen Walzen zu Flocken gepresst.

»Dinkel bereitet dem, der ihn isst,
ein gutes Fleisch und ein fröhliches Gemüt« –
können wir das nicht alle brauchen?

Hildegard von Bingen

Mehllagerung

Mehl sollte am besten unter 20 °C gelagert werden. Bitte nicht in Gläsern, denn sonst zersetzen sich die Mehlfarbstoffe und Ihr Mehl bleicht aus. Auch nicht neben Wasch- und Putzmitteln oder sonst stark Riechen- dem, denn es nimmt den Geschmack schnell auf. Wer öfter Probleme mit Motten hat, kann sich sein Mehl im Notfall auch einfrieren, zum Backen aber dann rechtzeitig herausnehmen.

Mehl ist stark entflammbar

Wichtig zu wissen ist, dass Mehl in der Luft zu einem explosiven Gemisch werden und bei Zündung zu einer Mehlstaubexplosion führen kann. Was unsere Mütter schon wussten: Keine vermeintlich leere Mehltüte in den brennenden Holzofen werfen, sie könnte, wenn Luft und Mehl sich verbinden, in die Luft gehen. Diese Explosivität liegt am Fettgehalt des Mehles und an den, wenn in der Luft verteilt, sehr feinen Mehlpartikeln, die dann eine wesentlich höhere Reaktionsgeschwindigkeit haben.

Die größte Mehlstaubexplosion in Deutschland mussten 1979 die Bremer erleben, als die Rolandmühle in einer Kettenreaktion explodierte. In der Folge starben 14 Menschen und 17 wurden verletzt, der Sachschaden belief sich umgerechnet auf 25 Millionen Euro.

Die Kunst ist zwar nicht das Brot,
aber der Wein des Lebens.

Jean Paul

Würziges zum Wein

Finnisches Flachbrot

So wird's gemacht:

Aus allen Zutaten einen nicht zu klebrigen Teig schlagen, warm stellen und gehen lassen.

Auf einem gefetteten Kuchenblech ausstreichen und erneut gehen lassen.

Mit der Gabel mehrfach einstechen und bei 180 bis 200 °C 15 bis 20 Minuten backen.

In Stücke schneiden und auskühlen lassen.

Zutaten:

300 g Weizenmehl Type 550
200 g Gerstenmehl
250 g Kartoffelmus
(gekochte Kartoffeln vom Vortag)
½ l Wasser
1 TL Salz
1 Pck. Hefe
1 TL Zucker

Fladenbrote mit Koriander

So geht's:

Zwiebel abziehen und in sehr kleine Würfel schneiden. Koriander abspülen, trockenschütteln und die Blättchen hacken. Die Chilischote längs halbieren, entkernen und fein hacken. Vorsicht: Wegen der Schärfe am besten mit Küchenhandschuhen arbeiten!

Nun Mehl, Wasser und Öl mithilfe eines Knethakens zu einem Teig verarbeiten, dann mit den Händen zu einem glatten Teig verkneten. Jetzt Zwiebel, Koriander, Chili und Salz unterkneten. Den Teig nun mit einem Küchentuch zudecken und an einem warmen Ort für 30 Minuten gehen lassen.

Wir teilen den Teig in 18 Portionen, am leichtesten funktioniert dies, wenn wir lange Stränge formen und von diesen dann gleich große Teile abstechen. Auf etwas Mehl zu etwa kaffeeunter-setzergroßen Fladen ausrollen und in einer heißen Pfanne ohne Fett (!) von jeder Seite eine Minute backen.

Warm oder kalt servieren. Dieses Fladenbrot ist eine leckere Beilage zum Dippen für Currysoßen, Raitas oder Chutneys.

Zutaten:

1 Zwiebel mittelgroß
½ Bund Korianderblätter
1 kleine grüne Chilischote
300 g Weizenvollkornmehl
220 ml Wasser
2 EL Öl
Mehl zum Ausrollen

Italienisches Brot mit Tomaten und Pinienkernen

Zutaten:

500 g Dinkelmehl Type 630
1 EL Zucker
Eine Prise Salz
1 Päckchen Trockenhefe
250 ml Wasser
3 EL Olivenöl
100 g getrocknete Tomaten
50 g geröstete Pinienkerne
100 g Pecorino
1 EL italienische Gewürzmischung
oder Bruschetta-Gewürz

So wird's gemacht:

Mehl in eine Schüssel geben, Hefe, Zucker und Wasser hinzufügen und einen geschmeidigen Teig bereiten. Diesen lassen wir an einem warmen Ort ca. 45 Minuten gehen. Er sollte sein Volumen verdoppeln. Besonders geschmackvoll wird er, wenn er die ganze Nacht an einem kühlen Ort geht.

Anschließend kommen die restlichen Zutaten hinzu und wir formen den Teig zu 12 kleinen Laibchen, die wir auf ein mit Backpapier ausgelegtes Blech setzen. Wichtig ist nun das Abdecken mit Folie! Sie schützt unser Gebäck vor dem Austrocknen.

Der Ofen sollte gut aufgeheizt sein (250 °C), wenn wir unsere italienischen Laibchen einschießen. Mit dem Pflanzensprüher etwa 10-mal in die Backkammer sprühen – wir brauchen Dampf.

Gebacken wird das Ganze 5 Minuten bei 250 °C und dann bei 170 °C ca. 25 Minuten.

Eine wunderbare Ergänzung für einen italienischen Abend.

Pitabrot

So wird's gemacht:

Für unser Pitabrot vermischen wir zuerst das gesiebte Mehl mit dem Salz und geben es in eine große Schüssel. Dann schütten wir nach und nach das Wasser hinzu und kneten alles durch, bis sich ein dicker Teig bildet. Den Teig schneiden wir jetzt in 10 bis 12 kleine Stücke und formen kleine Bällchen daraus. Diese drücken wir flach in längliche Ovale, legen sie auf ein bemehltes Brett, bestreuen sie mit etwas Mehl und lassen sie 45 Minuten gehen.

Den Ofen heizen wir auf höchste Stufe auf und backen sie darin 5 bis 6 Minuten.

Ihr Geschmack ist wunderbar, wenn wir sie noch einmal auf einen Rost legen und mit Knoblauchbutter einstreichen. In Griechenland werden diese Teigtaschen auseinandergeschnitten und mit Schaschlik gefüllt.

Zutaten:

6 Tassen Weizenmehl Type 550

3 Tassen kaltes Wasser

1 EL Salz

Pizza

So wird's gemacht:

Das Mehl mit dem Salz in eine Schüssel sieben, die in Wasser aufgelöste Hefe einarbeiten, das Öl hinzufügen und so viel Wasser verwenden, bis sie einen geschmeidigen Teig erhalten, den sie kräftig durcharbeiten. Zum Gehen wird unser Teig mit Plastikfolie oder einer warmen Schüssel abgedeckt und ruht nun für 30 Minuten. Sie können ihn aber auch in einen 8-Liter-Gefrierbeutel geben, gut verschließen und in den Kühlschrank legen. Er ist dann am nächsten Tag perfekt, kann aber auch zwei Tage im Kühlschrank bleiben.

Zum Ausarbeiten teilen wir den Teig in zwei Hälften und rollen ihn mit dem Nudelholz in runde, etwa 1 cm dicke Teigplatten aus. Belegen Sie die Pizza ganz nach Ihrem Geschmack.

Gebacken wird unsere Pizza bei großer Hitze für ca. 5 bis 10 Minuten. Sie können den Teig aber auch in einer Bratpfanne backen. Dazu diese erhitzen und, wenn sie sehr heiß ist, eine der Teigplatten ohne Fettzugabe hineingeben, mit der Gabel einstechen und immer wieder wenden, bis sie schön knusprig und goldbraun ist. Als Pizzabrot ruhig mit Rosmarin oder Oregano würzen und etwas Knoblauch daraufgeben – köstlich!

Zutaten:

500 g Weizenmehl Type 405

20 g Trockenhefe

⅛ l lauwarmes Wasser

Salz

4 EL Olivenöl

Mahlzeit: für die Reichen, wenn sie Hunger haben,
für die Armen, wenn sie was zu essen haben.

Fränkisches Weingebäck

Zutaten:

*250 g Roggenmehl Type 997 oder
auch Weizenmehl Type 550
125 g Butter
1 Ei
1 EL Milch
Wasser oder Sahne nach Bedarf
1 EL Rum oder etwas Essig
1 Prise Salz
Gewürze: Kümmel, Kreuzkümmel,
Rosmarin …*

So geht der Mürbteig:

Sieben Sie das Mehl auf ein Backbrett. Geben Sie Salz hinzu, schneiden Sie die Butter in Stücke unter das Mehl. Machen Sie eine Grube, schlagen Sie das Ei hinein und geben Sie den Rum hinzu. Nun hacken wir alle Zutaten mit einem großen Messer gut durcheinander. Sobald sie sich verbunden haben, wird der Teig geknetet: rasch und kräftig, aber doch mit leichter Hand, bis er ganz glatt und geschmeidig ist. Formen Sie ihn zu einer Kugel, wickeln Sie ihn in Folie und legen Sie ihn zum Rasten für eine halbe Stunde in den Kühlschrank.

Wichtig: Nur ein schnell und gründlich durchgewirkter, glatter Mürbteig gibt einwandfreies Gebäck!

Auf diese Weise werden alle Mürbteige bereitet. Je butterhaltiger der Teig ist, desto geschickter und leichter müssen Sie arbeiten und desto wichtiger ist das Kühllegen nach dem Wirken. Bei Teigen mit viel Butter ist das Ei überflüssig.

Für Kümmelschnitten:

Legen Sie den gekühlten Teig auf ein bemehltes Backbrett und bemehlen Sie auch das Nudelholz. Der Teig muss möglichst dünn ausgerollt werden, dann werden mit dem Kuchenrädchen schräge Rechtecke abgerädelt, mit Eigelb bestrichen und mit Kümmel bestreut.

Für Salzlocken:

Der Teig wird ausgerollt, in 20 bis 25 cm lange Streifen geschnitten, mit Eigelb bestrichen und mit etwas Salz bestreut. Dann dreht man die Streifen zu Locken und gibt sie auf ein mit Backpapier belegtes Blech.

Käsekekse:

Dazu einfach in den Mürbteig noch geriebenen Käse einarbeiten (am besten Schweizerkäse) und zu Locken weiterverarbeiten.

Alle Gebäcke werden im Backofen bei 200 °C lichtgelb gebacken.

Wer Brot hat, stirbt nicht vor Hunger.

(Niederlande)

Zur Brotzeit

Grundrezept für Semmeln aller Art

So wird's gemacht:
Zuerst ein Dampferl (Hefevorteig, siehe Seite 123) ansetzen.

Ist dieses schön entwickelt, kommen die restlichen Zutaten hinzu und werden zu einem gut durchgearbeiteten Teig verarbeitet. Diesen bestreichen wir nun dünn mit lauwarmem Wasser und stülpen ihm eine angewärmte Schüssel über – so bleibt unser Teig schön glatt.

Zwischendurch kneten wir ihn noch bis zu dreimal durch. Nun formen wir aus dem ganzen Teig eine Rolle und schneiden sie in 24 Teile. Diese werden nun auf einem Brett mit dem Handballen leicht durchgedrückt und gleichzeitig gedreht – wie man es vom Pizzabäcker kennt. So werden die Semmeln schön glatt. Leichter geht das Ganze, wenn wir das Brett etwas befeuchten, aber Vorsicht: Bei zu viel Wasser rutschen die Semmeln oder kleben fest.

Nun können wir diesen Grundteig verschieden formen: Semmeln, Schrippen, Wecken, Knüppel, Brötchen, Stullen – wie sie halt bei Ihnen genannt werden. Wie's weitergeht, entscheidet die Form:

Für Brötchen drückt man zum Beispiel einen Löffelstiel in die Mitte unseres Teiglings bis unten durch, sodass ein tiefer Einschnitt entsteht. Nun werden sie mit dieser Seite zuerst auf ein bemehltes Tuch gelegt. Nach 10 Minuten dreht man sie um und legt sie auf ein Blech, das in den vorgeheizten Ofen geschoben wird.

Sternsemmeln: Rund wirken, mit dem Schluss nach unten hinlegen, nach 5 Minuten mit dem Messerrücken einmal über Kreuz eindrücken.

Wichtig beim Einschießen von solchem Backwerk: Am Anfang unbedingt stark schwaden und kurz vor Ende der Backzeit schnell die Türe öffnen, um den restlichen Dampf aus dem Backfach zu treiben, so werden unsere Semmeln schön braun. Backzeit 15 Minuten auf höchster Stufe.

Zutaten:
1 kg Weizenmehl 550
50 g Hefe
20 g Zucker
½ l Wasser
20 g Salz

Besser ist es, die Zunge zu beherrschen,
als zu fasten bei Wasser und Brot.

Johannes vom Kreuz

Brotzeitsemmeln

Für den Hefeteig:
250 g Dinkelschrot
250 g Dinkelmehl Type 630
1 Päckchen Trockenhefe
1 Prise Rohrzucker
300 ml lauwarmes Wasser

Für die Teigfüllung:
300 g Zwiebeln
150 g geräucherten Speck

So wird's gemacht:

Alle Zutaten sollten zimmerwarm sein. Schrot, Mehl und Hefe in einer Schüssel gut miteinander vermengen. Die restlichen Zutaten hinzugeben und alles zu einem geschmeidigen Hefeteig verarbeiten. Diesen lassen wir an einem warmen Ort eine Stunde gehen.

In der Zwischenzeit würfeln wir den Speck und die Zwiebeln und braten sie in einer Pfanne aus.

Anschließend wird alles mit einem Küchenkrepp fettfrei getupft.

Nach ausreichender Teigruhe kneten wir unser Speckgemisch in den Teig und lassen diesen noch mal 10 Minuten gehen.

Jetzt können wir ihn zu Semmeln weiterverarbeiten. Dazu rollen wir den Teig zu einem langen Strang (etwa 40 cm) und teilen diesen in 15 Stücke. Nun werden Semmeln geformt, je nach Belieben, ob länglich oder rund. Diese setzen wir auf ein mit Backpapier ausgelegtes Blech und drücken sie noch ein wenig flach. Zugedeckt mit Folie ruhen sie noch einmal 10 Minuten. Bevor wir sie in den Ofen schieben, bestreichen wir sie mit Milch und kerben (stupfen) jede Semmel nach Fantasie.

Der Ofen sollte gut vorgeheizt sein auf 250 °C, wenn wir die Semmeln auf der mittleren Schiene einschießen. Noch etwas Wasser in die Backkammer sprühen, zurückschalten und dann bleiben unsere Semmeln für 25 Minuten bei 180 °C im Ofen.

Kaisersemmeln/Rosenbrötchen

Zutaten:
1 kg Weizenmehl
50 g Hefe
30 g Zucker
½ l Milch
20 g Salz
30 g Fett

So wird's gemacht:

Die Teigzubereitung wie im Grundrezept – als letzte Zutat kommt hier noch das weiche Fett dazu.

Das durchgewirkte, runde Teigstück schlägt man vom Rand fünfmal bis zur Mitte über. Mit der geformten Seite legt man die Rosenbrötchen 10 bis 15 Minuten auf ein bemehltes Brett oder Tuch, deckt sie am besten mit einer Folie ab und schiebt sie dann, mit der Rose nach oben, auf dem Blech in die vorgeheizte Röhre. Gebacken wird wie im Grundrezept.

Iss, wie's dir schmeckt,
kleide dich, wie es den anderen gefällt.

Südtiroler Paarlen, auch Vinschgerl genannt

Zutaten:

500 g Roggenmehl Type 610
500 g Roggenmehl Type 1150
100 g Weizenmehl Type 405
200 g Roggensauerteig
500 bis 750 ml Wasser
3 TL Salz
1 EL Schabzigerklee
1 EL Kümmel ganz
1 EL Anis ganz

So wird's gemacht:

Den Großteil des Mehls mit den übrigen Zutaten vermengen und je nach Konsistenz des Sauerteigs Wasser hinzufügen. Unser Ziel ist ein eher weicher Teig. Da wir auf die Zugabe von Hefe verzichten, sollte unser Sauerteig gut entwickelt sein. Siehe Zubereitung Sauerteig Seite 78 ff. Wenn unser Teig nun noch zu weich sein sollte, fügen wir das restliche Mehl hinzu. Es ist leichter Mehl in einen Teig einzuarbeiten als Wasser!

Nun muss er noch rasten, das kann je nach Sauerteigreifung 2 Stunden bis 1 Tag dauern. Beachten Sie dabei: Je länger er Zeit hat sich zu entwickeln, desto würziger wird der Geschmack.

Es ist so weit, wir teilen den Teig in faustgroße Stücke auf und setzen zwei immer eng nebeneinander – auf ein mit Grieß bestäubtes Blech. Nach ca. 20 Minuten werden die Vinschgerl dann im Backofen bei 210 °C ca. 20 bis 30 Minuten gebacken.

Bayerische Bierstangerl

Zutaten:

500 g Weizenvollkornmehl
2 TL Meersalz
½ Päckchen Backpulver
60 g Frischhefe
³⁄₈ l lauwarmes Wasser
1 Ei
Grobes Salz und Kümmel zum Bestreuen

So wird's gemacht:

Das Mehl in einer Schüssel mit dem Salz und Backpulver vermischen, in die Mitte eine Vertiefung drücken, etwas Wasser einschütten, die Hefe hineinbröseln und mit Mehl zu einem Dampferl rühren. Abdecken und 10 Minuten gehen lassen.

Nach und nach das restliche Wasser dazugeben und gut unterarbeiten. Sobald sich der Teig von der Schüssel löst, auf eine mit Weizenvollkornmehl bestäubte Arbeitsfläche geben und zwei lange Rollen formen. Jede Rolle in 10 Stücke schneiden und 10 Minuten gehen lassen.

Die Stücke werden nun zu ca. 30 cm langen Stangen gerollt, die an beiden Ecken spitz auslaufen. Nebeneinander auf ein mit Backpapier belegtes Blech geben und anschließend mit dem verquirltem Ei bestreichen und mit Salz und Kümmel bestreuen.

Der Ofen ist auf 230 °C vorgeheizt, die Stangerl werden mit Dampf (Wasser hineinsprühen!) in den Ofen geschossen. Übrigens, Brot schiebt man in den Ofen – Semmeln schießt man! Nach 5 Minuten auf 190 °C zurückstellen.

Auf der mittleren Schiene werden unsere Stangerl nun 25 Minuten gebacken. Das zweite Blech kann man, um die Teigentwicklung zu verzögern, in der Zwischenzeit kühl stellen. Und verfährt dann genauso.

Prost!

Brezen

Zutaten für Dinkelbrezen:

360 g Dinkelmehl Type 630
200 ml lauwarmes Wasser
25 g Frischhefe
1 ½ TL Salz
1 l Wasser + 2 EL Natron für die
Lauge

Zutaten für Weizenbrezen:

750 g Weizenmehl Type 550
1 ½ Würfel Hefe
3 EL Salz
450 ml Milch
150 g Butter
1 l Wasser + 2 EL Natron für die
Lauge

So wird's gemacht:

Ob Dinkel- oder Weizenbrezen – aus den Zutaten einen geschmeidigen, nicht zu festen Hefeteig bereiten. Wichtig ist es, ihn zum Gehenlassen an einen zugigen Platz zu stellen. Ein Bäckerfreund von mir gab mir den Tipp: In der Backstube ist es ja ganz schön warm und so stellt man die Brezenbleche ans geöffnete Fenster.

Wichtig ist es, dass die Brezen eine Haut bekommt! Für die Brezenlauge verwende ich eine 2-prozentige Natronlauge, dazu 1 l Wasser mit 2 EL Natron aufkochen. Die Brezen in diese kochende Lauge tauchen oder bepinseln und dann auf ein gefettetes Schwarzblech legen. Schön und gut sind sie auch, wenn wir sie mit hellem Sesam oder speziellem Brezensalz bestreuen.

Gebacken werden die Brezen bei 200 °C für 20 bis 30 Minuten.

Verwendet man Backpapier, wird der Boden nicht so schön rösch!

Achtung: Verwenden Sie auf keinen Fall ein Weißblech! Die Lauge löst Aluminium aus dieser und das ist ja bekanntlich nicht gerade gesund. Dies gilt auch für das Aufbacken von gefrorenen Brezen.

Salzbrezen

Zutaten:

500g Weizenmehl Type 550
15 g Hefe
Etwas Salz
Ei
Brezensalz, Kümmel oder Mohn

So wird's gemacht:

Das Mehl wird mit der aufgelösten Hefe, etwas Salz und so viel lauwarmem Wasser geknetet, dass es ein fester Teig wird. Diesen verarbeiten wir recht glatt, lassen ihn gehen und formen Brezen daraus, die in kochendes Wasser eingelegt werden. Sowie sie oben schwimmen, nehmen wir sie heraus und legen sie auf ein Blech mit Backpapier. Dort lassen wir sie für einige Stunden trocknen. Anschließend bestreichen wir sie mit Ei, bestreuen sie mit Brezensalz, Kümmel oder Mohn und backen sie bei 220 °C, bis sie goldgelb sind.

Wo die Lüge zum täglichen Brot wird, verhungert das Gewissen.
Sobald die Gleichgültigkeit zum täglichen Brot wird, verhungert die Menschlichkeit!

Ernst Ferstl

Brotklassiker aus aller Welt

Baguette

Wichtig beim französischen Weißbrot ist es, einen Hefeteig aus hellem Mehl herzustellen. Ein Teil des Weizenmehls sollte auch als Sauerteig hinzugegeben werden. Besonders schön wird es, wenn wir den Teig bis zu drei Stunden gehen lassen, ihn dann erst formen und das Brot bei diesem Vorgang so rollen, dass wir Luft in den Teig einkneten. Beim Backen benötigen wir eine große Hitze (240 °C, vorgeheizt) und ein feuchtes Klima im Ofen, sonst wird es nicht schön braun!

Diesen Teig können sie auch wunderbar vorbereiten. Dazu das Wasser kalt in den Teig schütten und diesen dann im Kühlschrank gehen lassen – mindestens über Nacht, es darf aber auch einen Tag länger sein. Wenn er gebraucht wird, 20 Minuten vorher herausnehmen und wie oben beschrieben weiterverarbeiten.

Zutaten:
1200 g Dinkelmehl Type 630
2 Tüten Trockenhefe
2 TL Salz
720 ml Wasser

Buchweizenbrot

Extra für Glutenallergiker, schnell und schmackhaft!

So wird's gemacht:
Aus allen Zutaten vorsichtig einen nicht zu weichen Teig rühren. In eine gefettete Kastenform geben und bei 225 °C 40 bis 50 Minuten backen, zwischendurch mit Alufolie abdecken.

Was sich auch als Variante anbietet: einfach etwas Studentenfutter, Cranberrys, Sauerkirschen und Nüsse unter den Teig geben.

Zutaten:
400 g Buchweizen
1 Prise Salz
¼ l Buttermilch
(sehr gute Alternative:
1 Becher Sauerrahm und den Rest
auf einen ¼ l mit Wasser auffüllen)
1 Päckchen Backpulver
4 EL Rohrzucker

Buttermilchbrot

Zutaten:

200 g Dinkelvollkornmehl
300 g Dinkelmehl Type 630
380 ml warme Buttermilch
1 Frischhefe
1 EL Honig
2 TL Salz
1 EL Fenchelsamen
50 g Haselnusskerne
75 g Walnusskerne

So wird's gemacht:

Das Mehl in eine Schüssel geben und vermischen, dann eine Vertiefung in die Mitte drücken und darin die Hefe in der warmen Buttermilch mit dem Honig und etwas Mehl vermengen. Das Dampferl zugedeckt 15 Minuten angehen lassen.

Den Rest, bis auf die Nüsse, einarbeiten und kräftig durchkneten. Die Nüsse am Schluss noch kurz unterarbeiten und alles gut zugedeckt für 30 Minuten rasten lassen.

Den Teig danach kurz durcharbeiten und zu einem Oval formen. Auf ein mit Backpapier ausgelegtes Blech legen und mit einem Tuch abgedeckt weitere 20 Minuten gehen lassen.

Im vorgeheizten Backofen bei 200 °C auf der zweiten Schiene bei Ober- und Unterhitze für 45 Minuten backen.

Dinkelbrot

Zutaten:

1000 g Dinkelvollkornmehl
1 Frischhefe (40 g)
¼ l Milch
½ TL Honig
¼ l lauwarmes Wasser
1 EL Meersalz

So wird's gemacht:

Mehl in eine Schüssel geben, in die Mitte eine Mulde drücken und darin die Hefe mit etwas warmer Milch und dem Honig auflösen. Alles zu einem Dampferl verrühren, mit etwas Mehl abdecken und warten, bis sich Risse in der Oberfläche zeigen (etwa 15 Minuten).

Die restlichen Zutaten hinzufügen und alles zu einem geschmeidigen, nicht zu festen Hefeteig verarbeiten, mit der Hand 10 Minuten kneten. Diesen Teig nun 1½ Stunden gehen lassen.

Danach den Teig noch einmal kräftig durchkneten, teilen, zu länglichen Broten (wie Baguettes) formen und auf ein geöltes Blech setzen.

Nach einer weiteren Stunde schneiden wir das Brot in der Länge ein paar Mal quer mit einem ganz scharfen Messer ein. Anschließend kommt unser Brot bei 225 °C in den vorgeheizten Ofen. Nach etwa 10 Minuten schalten wir zurück auf Kuchentemperatur und lassen unser Brot mindestens 50 Minuten backen. Sie können gerne noch 20 Minuten nachbacken, so wird die Kruste fester!

Dinkelschrotbrot

Ein kerniges, lockeres Brot, das sehr schnell in der Zubereitung ist.

So wird's gemacht:
Wasser, Hefe, Zucker, Quark und Mehl verquirlen, die restlichen Zutaten hinzufügen und zu einer Masse vermischen. Diese an einem warmen Ort 30 Minuten ruhen lassen. Eine große Form (40 cm) oder zwei kleinere Formen gut ausbuttern, die Masse einfüllen und umgehend auf der zweiten Schiene von unten bei 170 °C Umluft 50 bis 55 Minuten backen. Bei dieser Art von Teig ist es wichtig, sie immer in den kalten Ofen zu schießen!

Zutaten:
600 ml lauwarmes Wasser
1 Beutel Trockenhefe
1 TL Zucker
1 EL Magerquark
150 g helles Dinkelmehl Type 630
250 g Dinkelvollkornmehl
250 g Dinkelvollkornschrot fein
100 g Sonnenblumenkerne (als Alternative Pinienkerne, Walnüsse oder Mandelsplitter)
3 gestrichene TL Salz
Wer noch Sauerteig im Kühlschrank stehen hat, kann diesen Teig mit 2 EL davon verfeinern.

Dinkelstangenbrot

So wird's gemacht:
Vorteig mit Hefe, Mehl und Wasser gehen lassen. Gewürze, Salz und Wasser zufügen und kräftig durcharbeiten. Den Teig »verdoppeln« lassen (am besten im Backofen bei 50 °C, so gelingt das Dinkelbrot sehr gut), den Hefeteig nochmals kräftig durcharbeiten und erneut gehen lassen.

Teigmenge in vier gleiche Teile aufteilen, zu Rechtecken ausrollen und zu einem Stangenbrot formen. Die vier Stangenbrote auf ein gefettetes, bemehltes Backblech geben, nochmals gehen lassen und kurz vor dem Backen mit flüssiger Butter bestreichen.

Ofen auf 230 °C vorheizen, Brote 60 Minuten bei 200 bis 210 °C backen (mittlere Schiene), eventuell eine Tasse Wasser mit ins Backrohr geben.

Zutaten:
1 kg Dinkelmehl Type 630
½ l lauwarmes Wasser
500 g Dinkelvollkornmehl
60 g Hefe
je 3 TL Quendel, Bertram, Fenchel, Kümmel
3 bis 4 TL Salz
½ l lauwarmes Wasser
50 g flüssige Butter zum Bestreichen

Alle Dinge lassen sich sagen, und Käse und Brot essen .

(Niederlande)

Gewürzbrot

400 g Roggenmehl Type 1150
350 g Weizenmehl Type 550
15 g Meersalz
2 TL Honig oder Zucker
480 ml lauwarmes Wasser
20 g Trockenhefe oder 2 Würfel
Frischhefe
3 EL grob gemahlenes Brotgewürz
1 Tasse Sauerteig (ca. 150 g)

Mehl und Salz miteinander vermischen. Hefe, Zucker und etwas warmes Wasser zu einem Dampferl verrühren und ca. 15 bis 20 Minuten gehen lassen. Nun das restliche Wasser und den Sauerteig dazugeben und alles kräftig kneten, mindestens 10 Minuten! Der Teig muss sich vom Schüsselrand lösen. Den Teig nochmals 30 Minuten gehen lassen. Danach kneten wir die Brotgewürze in den Teig und bringen unser Gewürzbrot in Form.

Formen: Entweder wir bilden runde Wecken oder wir rollen den Teig aus und stechen verschieden große Formen aus. Nun sollte unser Brot noch einmal gehen, bis sich seine Größe verdoppelt hat.

Den Backofen heizen wir auf 220 °C vor, sprühen Wasser hinein und backen den Teig 10 Minuten auf dieser Temperatur. Anschließend öffnen wir das Ofentürl, schalten auf 180 °C zurück und backen die Brote noch einmal 45 Minuten. Bei der kleineren Variante, also den Ausstechlingen, keine 45 Minuten, sondern nur 15 Minuten auf der niederen Temperatur.

Grahambrot (Weizenvollkornbrot)

Teig 1
200 g Weizenvollkornschrot
10 g Anstellsauer
200 ml Wasser
Aus diesen Zutaten einen zähen Teig rühren und 12 Stunden warm stellen.

Teig 2
300 Gramm Weizenschrot oder -flocken grob oder fein
300 ml Wasser kalt
Miteinander verrühren und für 8 bis 12 Stunden im Kühlschrank gehen lassen.

Zutaten:
500 g Weizenvollkornmehl
20 g Salz
50 g Paniermehl
15 g Frischhefe
20 g Zuckerrübensirup
Teigmasse 1 (400 g) und
Teigmasse 2 (600 g)
150 ml warmes Wasser

Alles langsam für 8 Minuten in der Knetmaschine kneten und dann noch 1 Minute schnell kneten. Der Teig wird nun kurz für 15 Minuten warm gestellt und kann so ruhen.

In der Zwischenzeit zwei Kastenformen vorbereiten. Dazu mit, falls vorhanden, Backfett aussprühen, ansonsten die Form fetten und etwas mehlen.

Nun bilden wir zuerst zwei Laibe und rollen diese länglich, sodass sie in eine Kastenform passen. Der Schuss sollte unten sein, das heißt, dass die Oberfläche, die aus der Kastenform schaut, glatt sein sollte. Nun lassen wir unsere Brote mit Frischhaltefolie abgedeckt für 1 Stunde warm rasten.

In der Zwischenzeit heizen wir den Ofen auf 230 °C vor.

Zum Einschieben geben wir noch ordentlich Dampf in die Backkammer und lassen diesen während des ganzen Backvorgangs im Ofen. Nach 10 Minuten schalten wir zurück auf 190 °C und backen unser Brot noch ca. 45 Minuten. Sollte es zu dunkel werden, öffnen Sie die Ofentür und lassen den Dampf heraus.

Hillis Ostfriesisches Vollkornschrot-Brot

Zutaten:

500 g Weizenschrot
400 ml warmes Wasser

Den Schrot mit dem Wasser vermengen und einen Tag warm und gut zugedeckt durchziehen lassen.

500 g Dinkelkörner ganz
300 ml warmes Wasser

Die Körner in dem warmen Wasser ebenfalls 24 Stunden quellen lassen.

Nun rührt man das Schrotgemisch auf, es wird zähflüssig, denn der Kleber hat sich ausgewaschen.

Nun geben wir
100 ml Wasser und 60 g Hefe
(1 ½ Würfel) hinzu.

Alles kräftig aufrühren und dann für 15 Minuten kurz angehen lassen.

Jetzt kommen noch
50 g Salz
120 g Zuckerrübensirup
20 g Koriander oder Kümmel
250 g Sonnenblumenkerne
500 g Roggenschrot

und die eingeweichten Körner hinzu, nach Bedarf noch ca. 50 bis 80 ml Wasser.

Der Teig wird nun mit der Hand gut durchgeknetet, bitte nicht mit der Rührmaschine, denn der fehlt es an Gefühl! Dann für 15 Minuten ruhen lassen.

Danach wird der Teig in drei Teile geteilt, längs geformt und jedes einzeln auf Backpapier gelegt.

Wir bereiten aus Wasser und Mehl eine zähe Masse, diese streichen wir über die Oberfläche der Brote. Sie verhindert das Austrocknen der Oberfläche, was sehr wichtig ist, da ganze Körner verarbeitet wurden!

Nun werden die Brote in drei Kastenformen mit je 20 cm Länge gegeben. Das Backpapier sollte auch an den Seiten sein. Die nächsten 15 Minuten ruht unser Brot und wir bereiten den Ofen vor.

Er wird auf 170 °C vorgeheizt (keine Umluft).

Auf der mittleren Schiene werden unsere drei Brote gleichzeitig eingeschoben und 70 Minuten gebacken. Dann nehmen wir sie aus der Form und backen sie noch einmal 10 Minuten nach. Gegebenenfalls mit Alufolie abdecken.

In Ostfriesland isst man dieses Brot mit Wurst oder Käse und klappt oben eine helle resche Semmel drauf. Ruhig einmal ausprobieren.

Besser eigenes Brot als fremder Braten.

(Deutschland)

Ungarisches Kartoffelbrot

Zutaten:

500 g Kartoffeln
125 g Milch
350 g Weizenmehl Type 1050
1 Ei
1 EL Olivenöl
1 TL Salz
1 ½ TL Zucker
1 Würfel Hefe
100 g Speck, durchwachsen
1 Zwiebel, gewürfelt und in Butter angedünstet
1 Bund Schnittlauch

Ein ideales Brot für eine Brotzeit mit Salaten und Oliven.

So wird's gemacht:

Die Kartoffeln schälen und fein aufreiben, auf ein Küchentuch geben und den Saft durch Eindrehen des Ganzen auspressen.

Nun wird die Milch zur Kartoffelmasse gerührt, dazu kommen Mehl, Ei, Olivenöl, Salz und Zucker und die Hefe wird hineingebröselt. Das Ganze wird jetzt zu einem Teig verarbeitet, bis er sich glatt anfühlt, glänzt und sich von der Schüssel löst. Abgedeckt rastet unser Teig jetzt etwa eine halbe Stunde – natürlich mit einem Küchentuch gegen Zugluft geschützt.

In der Zwischenzeit würfeln wir den Speck und die Zwiebeln. Diese werden in etwas Extrabutter angedünstet und anschließend mit einem Küchentuch abgerieben. Denn zu viel Fett macht lauter Löcher in unser Brot. Den Schnittlauch schneiden wir in kleine Röllchen und mischen nun alles in den gegangenen Teig.

Diesen nun in eine gefettete Kastenform (30 cm) geben und nochmals zugedeckt 30 Minuten gehen lassen. Im Backofen bei 200 °C ca. 45 Minuten backen.

Je nach Speck sollten wir das Salz dosieren. Ist er salzig und trocken, brauchen wir weniger Salz in unserem Teig.

Gott hat Zähne gegeben,
Gott wird auch Brot geben.

(Litauen)

KLJB-Landjugendbrot

Dieses Weizenmischbrot mit hausgemachtem Sauerteig und Cashewkernen aus fairem Handel steht für eine nachhaltige Wirtschaftsweise und die Grundprinzipien der KLJB: ökologisch, regional und fair.

Anstellgut für den ersten Sauerteig kann man auf Nachfrage bei einer freundlichen Bäckerei erhalten.

Zutaten:

280 g Sauerteig
420 g Weizenmehl Type 550 aus der Region
140 g Roggenmehl Type 1150 aus der Region
35 g Cashewkerne, grob gehackt aus fairem Handel
14 g Salz
14 g frische Hefe oder 5 g Trockenbackhefe
350 ml Wasser, 30 bis 34 °C warm
Ölsaaten, z.B. Sesam, nach Geschmack

Und dann geht's los

200 g Roggenmehl Type 1150
200 g Wasser, 42 bis 45 °C
20 g Anstellgut

Alles gut vermischen und bei mindestens 20 °C 16 bis 18 Stunden gut zugedeckt reifen lassen.

Von diesem Sauerteig kann wieder neues Anstellgut entnommen werden, das sich luftdicht verpackt im Kühlschrank bis zu einer Woche hält. Ansonsten gilt es, ihn mit Freunden zu teilen, denn so kommt die Botschaft in jedes Haus.

Teigherstellung

Den Teig etwa vier Minuten mit dem Handmixer oder der Küchenmaschine kneten. Die gehackten Cashewkerne nur kurz unter den fertigen Teig einarbeiten.

Aus dem Teig zwei gleich schwere Teigstücke abwiegen. Diese rund wirken, lang rollen und in Roggenmehl oder in Ölsaaten (z.B. Sesam) wälzen. Anschließend, in Anlehnung an die Form von Cashewkernen, in Bogenform auf ein gefettetes Backblech setzen. Das Backblech mit einem Tuch abdecken und an einem warmen Ort für 35 bis 45 Minuten gehen lassen.

In der Zwischenzeit den Backofen auf 250 °C vorheizen. Backblech auf der untersten Schiene in den Backofen schieben. Bei 250 °C für etwa 5 Minuten anbacken, dann die Backofentemperatur auf 200 °C zurückstellen und weitere 35 Minuten backen.

Ingwerbrot

Zutaten:

200 g Roggenmehl Type 1150
160 ml Wasser
3 EL Anstellgut, Sauerteig vom
letzten Mal!

Alles zu einem Vorteig verrühren und
16 bis 20 Stunden warm
bei 23 bis 28 °C reifen lassen.

350 g Roggenmehl Type 1150
225 g Weizenmehl Type 1050
225 g Weizenmehl Type 550
20 g Frischhefe
540 ml lauwarmes Wasser
3 TL Salz
12 g frischer Ingwer, klein gehackt
360 g Vorteig
200 g Schnittlauch, in Röllchen
geschnitten

So wird's gemacht:

Für den Teig Mehl in eine Schüssel geben und vermischen, ein Dampferl aus Hefe, Wasser und Mehl bereiten. Alles 15 Minuten angehen lassen, dann die restlichen Zutaten bis auf die Schnittlauchröllchen hinzufügen und zu einem Brotteig kneten. Dazu die Rührmaschine 9 Minuten langsam und dann noch 3 Minuten schnell laufen lassen, bis sich der Teig von der Schüssel löst. Gegen Ende der Knetzeit den Schnittlauch unterarbeiten, dann darf der Teig 20 Minuten rasten.

Danach arbeiten wir den Teig noch einmal durch und formen ihn nach Belieben. Kommt er in ein Gärkörbchen, sollte dieses gut ausgemehlt werden, um ein Ankleben zu vermeiden. Nach weiteren 45 Minuten ist er backreif.
Dazu wurde unser Ofen auf 250 °C aufgeheizt und so stürzen wir das Ingwerbrot aus dem Körbchen auf ein gefettetes und bemehltes Blech. Aber Vorsicht: nicht zu fest anfassen, sonst fallen unsere Luftbläschen im Brotinneren zusammen und unser Brot wird flach.

Beim Einschieben kommt reichlich Dampf dazu, den wir aber nach 5 Minuten durch Öffnen der Backofentür wieder herauslassen. Zurückschalten auf 180 °C und 50 Minuten ausbacken. Machen Sie die Klopfprobe!

Alternativ können Sie anstelle von Ingwer z.B. auch Currypulver, Bärlauch oder andere Kräuter verwenden.

Kräuterringbrot

Zutaten:

200 g Roggenmehl
400 g Dinkelmehl Type 1050
¼ l lauwarmes Wasser
25 g Hefe
50 g Butter
1 EL Salz
1 EL gemischte, gehackte Kräuter
4 bis 5 EL gehackte Petersilie

So wird's gemacht:

Aus Mehl, Wasser und Hefe einen Vorteig bereiten. Dann mit den restlichen Zutaten einen Brotteig herstellen und ca. 30 Minuten gehen lassen. Kurz die Luft herausnehmen und aus dem Teig einen Ring formen. Diesen auf ein mit Öl eingepinseltes und bemehltes Blech geben.

Nun das Brot nochmals ca. 30 Minuten gehen lassen. Den Ofen auf 225 °C vorheizen und das Brot bei fallender Temperatur (zurückschalten auf 190 °C) ca. 20 bis 30 Minuten backen.

Mischbrot

So wird's gemacht:

Alle Zutaten zu einem glatten Brotteig verarbeiten und ihn für eine Stunde ruhen lassen. Dann weiterverarbeiten und ihn zum Rasten in Brotkörbchen legen.

In der Zwischenzeit den Backofen auf 250 °C vorheizen und den Teig nach etwa einer halben Stunde in den heißen Ofen einschieben. Backofen nach 8 Minuten auf normale Kuchentemperatur zurückschalten und das Brot noch für eine Stunde backen. Denken Sie an die Klopfprobe!

Zutaten:

650 g Weizenmehl 1050
500 g Roggenmehl 815
250 g Sauerteig
650 ml Wasser
1 Würfel Hefe
3 TL Salz

Multi-Kulti-Brot in der Tajine

Zutaten:

200 ml warmes Wasser
200 ml Vollmilchjoghurt
1 EL Essig
1 EL Salz
2 EL Speiseöl
(Distel-, Sesam- oder Nussöl)
1 TL fein gemahlener Kümmel
1 TL fein gemahlener Koriander
1 EL Rübensirup
1 Packung Trockenhefe

Alles miteinander verrühren.

50 g Hanfsamen
200 g Sechskornmischung
*je 1 EL ganzer Kümmel und ganze
Koriandersamen*

Die Tajine ist seit Jahrtausenden der Kochtopf der Nomaden. Wer keine Tajine zur Verfügung hat, kann auch einen Römertopf verwenden.

So wird's gemacht:

Durch die Flockenquetsche drehen und unter den Teig rühren. Es ist aber auch möglich, eine fertige Flockenmischung zu verwenden und die Gewürze mit dem Mörser zu zerkleinern.

480 g Vollkornweizenmehl unterkneten und den Teig an einem warmen Ort zugedeckt ca. 2 Stunden gehen lassen.

Je 50 g Sesamsaat, Sonnenblumenkerne und Leinsaat sowie 20 g Vollkornweizenmehl unter den Teig kneten und das Brot formen.

Oberseite des Brotes in 40 g Kürbiskernen wälzen und in eine mit Backpapier ausgelegte Tajine legen. Mit dem bemehlten Deckel abdecken und noch einmal 4 Stunden im kurz auf 50 °C erwärmten Backofen gehen lassen. Anschließend das Brot bei 200 °C 70 Minuten lang backen. Brotdecke mit Salzwasser bestreichen und noch einmal 10 Minuten bei 250 °C ausbacken.

Das fertige Brot aus dem Topf nehmen und zum Auskühlen auf ein Gitter legen.

Rezept von Ali Baba Tajine

Puglieser Brot für ein großes Fest

Puglieser Brot hat seinen Namen von einer Region in Italien. Die Region Apulien (italienisch Puglia) erstreckt sich im Süden Italiens entlang der Adria bis zum Absatz des italienischen Stiefels.

Vorteig

10 g Anstellgut
100 g Weizenmehl Type 550
70 ml Wasser

Diese Zutaten zu einem Vorteig rühren und für 15 bis 20 Stunden bei ca. 26 °C zugedeckt reifen lassen. Währenddessen den Teig auf seine Säure kontrollieren, sie sollte nicht zu stark sein. Falls sich die Säure zu schnell entwickelt, geben sie ihn einfach in den Kühlschrank, so können sie ihn bremsen!

1900 g Weizenmehl Type 550
1300 ml Wasser
60 ml Olivenöl
40 g Frischhefe
36 g Meersalz

Das Mehl in eine Schüssel geben, in die Mitte eine Mulde drücken und die Hefe hineinbröseln, mit etwas Wasser zu einem Dampferl rühren und dieses für 15 Minuten angehen lassen.

Dann alle restlichen Zutaten bis auf das Öl zuzüglich unseres Vorteiges hinzufügen und mit der Rührmaschine 4 Minuten langsam und 3 Minuten schnell kneten. Gegen Ende des Knetvorganges geben wir das Öl hinzu. Der Teig soll sich vom Schüsselrand lösen.

Wer keine Rührmaschine besitzt, knetet den Teig von Hand, bis er sich schön geschmeidig anfühlt. Er sollte sich anfühlen wie ein Ohrläppchen.

Der Teig wird nun gut zugedeckt an einen warmen Ort gestellt und sollte 45 Minuten rasten.

Danach formen wir ein paar Laibe. Falls Ihr Ofen nicht alle fassen kann, ab mit den restlichen in den Kühlschrank und dort die Teigentwicklung verzögern.

Besonders gerne arbeite ich Röstzwiebeln oder Bruschettamischung in einen Teil des Teiges ein. Wir schieben unser Brot ohne Dampfzufuhr in den Ofen (auf 220 °C vorgeheizt). Die Backzeit beträgt 40 bis 45 Minuten.

Tipp für die Grillzeit

Puglieser Brot in dicke Scheiben schneiden und auf dem Grill leicht anrösten. Anschließend mit Knoblauchbutter bestreichen und leicht salzen. Es eignet sich auch hervorragend als Unterlage für Bruschetta.

Roggenbrot macht Wangen rot!

So wird's gemacht:

Roggenschrot, Sauerteig und ½ l lauwarmes Wasser werden am Vortag miteinander vermischt und zugedeckt warm gestellt.

Am nächsten Tag fügt man Brotgewürz, Honig und das in ¾ l lauwarmem Wasser aufgelöste Salz sowie das Mehl hinzu und knetet den Teig kräftig durch. Nun darf er für 1 Stunde zugedeckt rasten.

Dann ein weiteres Mal kräftig kneten, das gibt ein ganz kleines Porenbild. Wir formen einen großen Wecken und lassen ihn nochmals für mindestens 30 Minuten ruhen. Er ist genug gegangen, wenn sich Risse in seiner Oberfläche zeigen.

Wir benetzen unseren Laib mit heißem Wasser und stechen ihn mit einer Gabel ein paar Mal ein.

Unser Backofen ist auf maximale Hitze vorgeheizt und so schieben wir den Wecken in den Ofen. Nach etwa 5 Minuten schalten wir auf normale Kuchentemperatur zurück und backen ihn fertig. Er ist nach etwa 50 Minuten so weit (Klopfprobe) und wer eine dicke Rinde möchte, sollte nun auf 130 °C zurückschalten und dem Brot noch einmal 20 Minuten zugestehen.

Zutaten:

500 g Roggenschrot mittelfein
150 g Sauerteig
½ l Wasser, evtl. auch etwas mehr
20 g Brotgewürz
1 EL Honig
30 g Salz
¾ l lauwarmes Wasser
1000 g Roggenvollkornmehl

Schwarzbrot

So wird's gemacht:

Buttermilch, Rübenkraut und Honig im lauwarmen Zustand vermengen. Die restlichen Zutaten trocken vermengen und anschließend mit der Buttermilchmasse vermischen.

Den fertigen Teig in eine Brotform geben und 1 Stunde gehen lassen. Je nach Backofen ca. 2½ Stunden auf der unteren Schiene bei 150 °C backen lassen.

Unser fertiges Brot wickeln wir in ein nasses Küchentuch und lassen es abkühlen.

Zutaten:

1 l Buttermilch
½ Becher Rübenkraut
1 EL Honig
500 g Weizenvollkornschrot
500 g Roggenvollkornschrot
500 g Weizenvollkornmehl
200 g Sonnenblumenkerne
3 Päckchen Trockenhefe
3 TL Salz

Vollkornbrot aus der Steiermark

Schnell und schmackhaft!

Am Abend:
250 g Roggen
125 g Weizen
ca. ¼ bis ⅜ l Wasser
½ Päckchen Trockenhefe
3 kleine EL Salz
1 EL Brotgewürz gemahlen
Sauerteig

Roggen und Weizen werden frisch zu einem mittelgroben Schrot gemahlen. Bei einer Mühle mit 8 Mahlstufen entspricht es in etwa der Skala 3. Mehl, Trockenhefe, Salz und Brotgewürz in einer großen Schüssel gut vermischen. Sauerteig im Glas mit etwas Wasser aufrühren und zusammen mit dem Wasser alles zu einem weichen Teig verrühren. Schüssel mit einem Tuch oder Frischhaltefolie abdecken und über Nacht an einem warmen Ort gehen lassen.

Am Morgen:
250 g Weizenmehl (kann auch gemischt mit etwas Dinkel- oder Hirsemehl sein)
ca. ⅛ bis ⅖ l Wasser
nach Wunsch Nüsse, Sonnenblumenkerne, Kürbiskerne usw. hinzufügen.

Die Backröhre auf 50 °C vorheizen

Mehl mit dem Wasser in den Teig vom Vorabend einarbeiten, die Konsistenz sollte diesmal etwas fester, aber immer noch mit dem Kochlöffel leicht rührbar sein.

Vom Teig 1 ½ Marmeladenglas wegnehmen und in den Kühlschrank stellen – dies ist unser Vorteig für das nächste Mal. Nun können wir nach Belieben unsere Nüsse und Kerne hinzufügen.

Eine Kastenform (ca. 30 cm Länge) mit Backpapier auslegen, den Teig einfüllen und zum Ruhen in den Backofen schieben – etwa eine Stunde, der Teig sollte kurz unter dem Rand stehen, ansonsten noch kurz warten, bis er so weit ist.

Nun auf 250 °C schalten und das Brot 30 Minuten backen, dann auf 200 °C zurückschalten und noch weitere 45 Minuten backen. Danach das Brot aus dem Ofen nehmen, Papier entfernen und den Laib gut mit Wasser bestreichen. So wird die Kruste weicher und das Brot saftiger. Wir legen es nun auf einen Rost und decken es mit einem Tuch zu, damit es schön auskühlen kann.

Eile backt das Brot,
aber sie backt es schlecht.

(Griechenland)

Weißbrot

Zutaten:

1 kg Weizenmehl Type 550
30 g Frischhefe
25 g Zucker
½ l Wasser
20 g Salz

So wird's gemacht:

Wir bereiten zuerst unser Dampferl. Wenn es gegangen ist, kommen die restlichen Zutaten hinzu und das Ganze wird zu einem geschmeidigen Teig verarbeitet. Diesen lassen wir 1 Stunde rasten, wobei wir ihn nicht in Ruhe lassen, sondern währenddessen noch zweimal kurz mit den Händen hineinstoßen, also drehen und drücken.

Danach formen wir ein längliches Brot, indem wir den Teig zunächst mit den Händen kneten und drehen. Dann drücken wir ihn in der Mitte mit dem Handballen ein, sodass das Brot länglich wird. Der Wirkschluss liegt obenauf. So legen wir ihn auf ein bemehltes Tuch, in das wir das ganze Brot einwickeln, damit es nicht auseinanderläuft.

Nach 20 Minuten, wenn es sich »wollig« anfühlt, lassen wir es vorsichtig auf die Hand und den Unterarm fallen, indem wir das Tuch auf einer Seite hochheben – und damit auch unser Brot –, so bekommen wir es mit der Wirkseite nach unten. Ein bisschen Übung und es klappt perfekt.

Nun legen wir es auf ein vorgeheiztes Blech und bepinseln es zügig mit Wasser. Fünf Schnitte an der Oberfläche und fertig – es kann in den Ofen.

Dieser sollte gut vorgeheizt sein auf 250 °C. Das Blech auf die untere Schiene und noch Wasser einsprühen (ca. 15-mal). Bei voller Temperatur 15 Minuten backen, bei 170 °C dann noch 25 Minuten im Rohr lassen und abschließend noch 10 Minuten auskühlen lassen.

Weizenvollkornbrot

So wird's gemacht:

Zuerst gibt man das Wasser mit der Hefe in eine Schüssel, löst sie darin auf und fügt das Mehl hinzu, dann Salz und Apfelessig und am Schluss noch die Sämereien.

Den Teig gibt man in eine Kastenform, die mit Öl gefettet und mit Mehl oder Flocken ausgestäubt wurde. Im nicht vorgeheizten Ofen backen wir dann unser Brot eine Stunde bei 190 °C.

Zutaten:
450 ml Wasser
1 Würfel Hefe
500 g Weizenvollkornmehl
2 TL Salz
2 EL Apfelessig
je 50 g Kürbiskerne, Sonnenblumen-kerne und Leinsamen

Zwieback

Hier das Originalrezept aus dem »Praktischen Handbuch für Konditoren« von 1866 von Karl Papst:

»Man löse mit etwas Zucker 8 Loth gute Hefen (6 Loth entspricht 100 g), indem man ihn damit durcharbeitet, auf, gieße dann 1 Quart lauwarme Milch dazu und schütte so viel Mahl darauf, als zu einem weichen Teig nötig ist. Diesen Teig stelle man an eine warme, aber nicht zu heiße Stelle, weil sonst die Hefen verbrennen würden. Wenn die Hefen gut sind, so muss schon nach einer Stunde das Hefenstück hoch gestiegen sein, dann schlägt man 6 bis 8 Eier hinein, wiegt 12 Loth Zucker und ½ Loth Butter dazu, arbeitet dies tüchtig durch und nimmt so viel Mehl dazu, als nötig, um einen nicht zu festen Kuchenteig zu bilden. Dies ist der Grundteig und von demselben werden verschiedene Kuchensorten weiter angefertigt.

Nachdem man diesen noch einmal hat aufgehen lassen, trennt man den Teig in Stücke von 2—3 Loth und rundet diesen unter stetem Drehen in der hohlen Hand und setzt ihn dann auf ein gefettetes Blech. Alsdann bedeckt man die Zwiebäcke mit einem leichten Tuche, lässt sie wieder gähren und bäckt sie dann wie Brot.

Nach dem Backen und Abkühlen schneidet man die Zwiebäcke in zwei Hälften, röstet sie dann und glasiert sie.«

Zwieback glasiert
Sie können Eiweißglasuren verwenden – aber folgende Glasur ist beliebter: Ganze Eier zu einer Schaummasse aufrühren, Rohrzucker darin sehr schaumig rühren, fein sind auch Kuchen- oder Keksbrösel unter die Masse gehoben, auch darf es ruhig einmal Kokos sein.

Die Zwiebackscheiben werden nun mit dieser Masse bestrichen und noch einmal, nicht zu schnell, gebacken.

Wenn der Hunger brennt ist altes Brot frisch.

(Spanien)

Zwiebelbrot

Zutaten Vorteig :

75 g Roggenschrot
75 g Sonnenblumenkerne
75 g Leinsamen
75 g Röstzwiebeln
250 ml Wasser

600 g Weizenmehl Type 550
300 g Roggenmehl Type 997
3 TL Salz
20 g Frischhefe
100 ml lauwarmes Wasser
250 g Sauerteig
300 ml Wasser

Vorteig als Brühstück

Das Wasser auf etwa 50 bis 60 °C erwärmen und darin alles für 2 bis 3 Stunden ziehen lassen.

So wird's gemacht:

Mehl und Salz vermischen, in die Mitte eine Mulde drücken, die Frischhefe einbröseln und mit dem warmen Wasser zu einem Dampferl verrühren. Nach etwa 15 Minuten die restlichen Zutaten und unser gesamtes Brühstück zu einem Teig verrühren, dazu die Knetmaschine 3 Minuten auf langsamer Stufe und dann 3 Minuten auf schneller Stufe laufen lassen. Der Teig muss sich vom Schüsselrand lösen. Nun 30 Minuten warm gehen lassen.

Anschließend die Brote formen, nicht kneten. Dazu wirken wir unseren Teig rund und rollen ihn der Länge nach aus. Dann befeuchten wir ihn und wälzen ihn in Roggenflocken, falls diese nicht zur Hand sind, können Sie auch beliebige andere verwenden.

Jetzt werden unsere Gärkörbchen mit Kartoffelmehl ausgestäubt, und in diese legen wir unser vorbereitetes Brot mit dem Schluss nach unten hinein. Nun heißt es noch einmal für ca. 35 Minuten rasten. Unser Brot sollte voll aufgegangen sein – erst dann wird es auf ein vorbereitetes Blech gesetzt und in den auf 240 °C vorgeheizten Ofen geschoben. Die Dampfzufuhr nicht vergessen!

Nach 3 Minuten öffnen wir die Ofentür und lassen den Dampf heraus, bis die Oberfläche unseres Brotes trocken erscheint, so ca. 1 bis 2 Minuten.

Dann schalten wir auf 200 °C zurück und backen unser Brot 50 Minuten. Nach 45 Minuten eine Klopfprobe machen – wenn es hohl klingt und wir wenig Kruste haben wollen, nur noch kurz fertig backen, wer jedoch Kruste liebt, kann zurückschalten auf 160 °C und noch einmal 30 Minuten zugeben.

Je nachdem, wie Sie Ihren Schluss legen, wird Ihr Brot krustig oder glatt.

Denke zuerst an das Brot, dann an die Braut.

(Norwegen)

Brotaufstriche

Brotaufstriche lassen sich einfach und schnell selbst herstellen. Das Tolle daran ist, dass sie sich nach eigenen Vorlieben immer wieder neu variieren lassen. Außer herzhaften Brotaufstrichen, die sehr gut auf frisch gebackenem Brot oder Semmeln schmecken, kann man auch süße Brotaufstriche aus frischen Früchten zum Frühstück servieren.

Aufstrich mit Fetakäse

So wird's gemacht:

Paprika, Knoblauchzehe, Oliven und Frühlingszwiebel ganz klein hacken.

Den Feta mit einer Gabel zerdrücken und mit allen Zutaten vermengen und nach Geschmack würzen.

Zutaten:
1 Fetakäse
1 rote Paprikaschote
2 Knoblauchzehen
1 kleines Glas grüne Oliven ohne Stein
1 Bund Frühlingszwiebeln
1 Becher Frischkäse
Salz, Pfeffer, Chiliflocken oder Cayennepfeffer

Fröhlich in den Tag

So wird's gemacht:

Den Hüttenkäse mit gehackten Kräutern vermengen und mit Salz und Pfeffer sowie den roten Beeren würzen. Die gelbe Rübe schälen und in dünne Scheiben schneiden oder grob raspeln.

Den Fenchel gründlich waschen und in dünne Scheiben schneiden. Brot (am besten passt Roggenmischbrot) mit der fertigen Hüttenkäsemasse bestreichen und mit gelber Rübe und Fenchel belegen, nach Bedarf noch einmal nachwürzen.

Zutaten:
1 Packung Hüttenkäse (ca. 200 g)
1 Bund Bärlauch oder Ruccola oder frische Radieschensprossen
1 Bund Petersilie
1 gelbe Rübe
1 kleiner Fenchel
Salz/Pfeffer und etwas roten Pfeffer ganz

Gegessenes Brot ist schwer zu verdienen.

(Polen)

Radieschencreme

Zutaten:

50 ml Sahne
150 g Quark
150 g Crème fraîche
2 Bund Radieschen, fein geschnitten
2 EL Schnittlauchröllchen
2 EL Zitronensaft

So wird's gemacht:

Alle Zutaten mit der Sahne glattrühren und pikant abschmecken. Hierfür nehme ich natürlich gerne Salz und Pfeffer, aber auch etwas frischen Knoblauchlauch aus meinem Garten.

Knoblauchlauch – was ist das?, werden Sie sich vielleicht fragen: Um ihn immer zur Verfügung zu haben, stecke ich Knoblauch, der am Auswachsen ist, in Blumentöpfe und nach kurzer Zeit habe ich die begehrten Knoblauchstangerl.

Raita mit Gurke und Lauchzwiebeln

Zutaten:

2 Lauchzwiebeln
100 g Salatgurke
225 g Vollmilchjoghurt
etwas Milch
Salz, Zucker
1 TL Kreuzkümmel (Kumin)
½ TL grob gestoßener Pfeffer
½ TL Cayennepfeffer

So wird's gemacht:

Lauchzwiebel putzen, abspülen und in dünne Ringe schneiden. Gurke schälen, halbieren, mit einem Teelöffel entkernen und in sehr kleine Würfel schneiden.

Joghurt und Milch mit einem Schneebesen verrühren, bis die Masse cremig ist, und mit Salz und Zucker abschmecken. Zwiebelringe und Gurkenwürfel unterrühren.

Kreuzkümmel und Pfeffer in einer Pfanne ohne Fett bei kleiner Hitze anrösten und im Mörser zerstoßen. Cayennepfeffer untermischen und über den Joghurt streuen.

Topfencreme mit Leinöl

Zutaten:

1 EL Sahne oder 1 EL weißer Natur-Joghurt oder 3 EL Rohmilch
1 TL bis 1 EL Honig
3 EL frisches Leinöl oder Macadamiaöl
100 g Quark (Halbfett oder Rahmstufe)
2 EL gerösteter Leinsamenschrot oder gerostete gemahlene Mandeln
1 EL Weizenkeime

So wird's gemacht:

Die Sahne mit dem Honig und dem Öl zu einer gleichmäßigen Emulsion verrühren, den Quark hinzufügen und alles zu einer cremigen Masse verarbeiten. Nach Belieben können Sie noch frisches Obst hineinraspeln und mit den Leinsamen und den Weizenkeimen bestreuen. Bitte alles frisch verzehren.

Meine Knusperkerndl

Eine schmackhafte Knusperbeilage zu diesen Brotaufstrichen sind meine Knusperkerndl. Diese Kerne passen auch sehr gut zu einem Kräutertopfen oder einfach nur über den Salat gestreut.

Probieren Sie's aus!

So wird's gemacht:
Olivenöl in eine heiße Pfanne geben, darin die Cashewkerne unter ständigem Schwenken goldgelb anbraten. Wir würzen die Kerne mit Paprika oder Curry und salzen sie. Nun raus mit ihnen aus der Pfanne, denn jetzt kommen die Sonnenblumenkerne und der Buchweizen. Wieder schön anbraten, bis sie sich bräunen. Ich würze diese mit einer gekörnten Gemüsebrühe, die ich einfach darüberstreue.

Auch sie müssen aus der Pfanne, bevor der Sesam angeröstet wird. Vorsicht, denn der Sesam springt sehr schnell aus der Pfanne, wie Popcorn, eventuell kurz den Deckel darauf geben.

Wenn auch er angeröstet ist, alles zusammenmischen und noch einmal mit etwas Salz abschmecken. Ich spare nicht an Öl!

Zutaten:
100 g Cashewkerne oder Bruch
3 EL Olivenöl
Paprika oder Curry
200 g Sonnenblumenkerne
Salz
50 g Buchweizen
gekörnte Brühe
100 g Sesam

Süßes aus Brotteig

Süße Rosensemmeln

Süße Weckerl, die schneckenförmig in Muffinformen gesetzt werden.

So wird's gemacht:

Das Dinkelmehl in eine Schüssel geben, in die Mitte eine Mulde drücken, in diese die Hefe einbröseln und mit dem Zucker und etwas warmer Milch zu einem weichen Brei rühren. Diesen mit etwas Mehl zudecken und ca. 10 Minuten gehen lassen.

Nun die restlichen Zutaten hinzufügen und alles zu einem geschmeidigen Teig verarbeiten. Diesen lassen wir ca. 45 Minuten ruhen – je nach Zimmertemperatur und Tagesqualität.

Anschließend nehmen wir vom Teig etwas ab und formen lange Stangen. Von diesen wird gerade so viel abgeschnitten, dass sie zusammengerollt wie kleine Schnecken in Muffinformen passen. Falls Sie keine Formen zur Hand haben, einfach so auf ein Backpapier setzen.

Alles noch einmal kurz ca. 10 Minuten angehen lassen, dann mit Eigelb und Milch bepinselt im auf 220 °C vorgeheizten Ofen etwa 10 Minuten backen lassen. Mit Zimt und Zucker bestreuen.

Zutaten:

*1 kg Dinkelmehl, fein gemahlen,
Type 1700
20 g Salz
50 g Hefe frisch oder 1 Päckchen
Trockenhefe für 1000 g Mehl
200 g Butter
15 g Zitronenschale
450 g Milch*

Wenn sie kein Brot haben,
sollen sie doch Kuchen essen.

Marie Antoinette

Apfellaibchen aus der Rhön

Mit der Restwärme unseres Backofens lässt sich noch so allerlei zubereiten. Die Apfellaibchen sind nicht nur bei Kindern sehr beliebt.

Dazu brauchen wir einen etwas säuerlichen Apfel, z.B. Boskop. Stiel und Blüte, evtl. auch das Kernhaus werden entfernt und der Apfel in dünne Scheiben geschnitten.

Nun wird etwas Brotteig, den wir zurückbehalten haben, ausgerollt. Auf jede Platte wird eine Apfelscheibe gelegt, etwas gezuckert und mit einer nächsten Platte bedeckt. So, wie man auch Maultaschen zubereitet. Oder man wickelt die Apfelspalte einfach in Teig ein und legt sie zum Backen auf die Nahtstelle.

Gebacken wird das Ganze im Holzofen. Die Restwärme reicht aus, um unsere Apfellaibchen schön braun werden zu lassen.

Süßes Vollkornbrot

Zutaten:

250 g Weizenvollkornmehl
250 g Weizenmehl Type 1050
40 g Frischhefe
1 TL Zucker
¼ l Milch
Salz
1 Ei
50 g Butter
3 EL Zucker
150 g Rosinen
1 Eigelb und Milch zum Bestreichen

So wird's gemacht:

Das Weizenmehl in eine Schüssel geben, in die Mitte eine Mulde drücken und dort mit Hefe, Zucker und etwas lauwarmer Milch ein Dampferl bereiten. Mit einem Küchentuch zudecken und ca. 10 Minuten an einem warmen Ort (sehr gut z.B. auf dem Kühlschrank) gehen lassen. Danach die übrigen Zutaten hinzugeben und gut kneten.

Etwa eine Stunde gehen lassen und dann die Luft herausdrücken und zu einem Brotteig formen. Diesen auf ein gefettetes Blech setzen und nochmals etwa 20 Minuten gehen lassen.

Etwas Milch mit dem Eigelb verquirlen und das Brot damit bestreichen. Im vorgeheizten Rohr bei ca. 200 °C etwa 50 Minuten backen. Alternativ kann das Brot auch in einer Brotform oder einfachen Kuchenform gebacken werden.

Gehaltvoller wird das Ganze, wenn wir noch Zitronat, Orangeat, Mandeln oder auch Sauerkirschen und Ananas hinzufügen. Dann einfach die Rosinen reduzieren oder ganz ersetzen.

Ein weihnachtlicher Tipp

Auch ich bin eine leidenschaftliche Plätzchenbäckerin und so kann es schon einmal passieren, dass eine Sorte einfach nicht weich wird oder beim Lagern zu fest geworden ist. Geben Sie in die Keksdose eine Scheibe frisches Brot – Sie werden sehen, die Brotscheibe gibt genau die richtige Menge Feuchtigkeit ab. Die Brotscheibe zieht sich richtig auf und die Kekse werden weich.

Rezepte aus Brotresten

Kaum ein Lebensmittel landet so oft im Abfall wie Brot! Millionen Tonnen von Lebensmittel landen jedes Jahr im Müll – das sollte uns zu denken geben. Woanders verhungern Menschen und bei uns zählt nur der schnelle Konsum. Alles muss »frisch« und immer verfügbar sein. Wie soll das gehen, ich kann doch nicht abends noch frisches Brot verlangen und am nächsten Tag kaufe ich es nicht mehr, weil es vom Vortag ist! Ich könnte niemals Brot wegwerfen! Und damit auch Sie kein wertvolles Brot wegschmeißen müssen, im Folgenden ein paar Anregungen, was man alles aus Brotresten zaubern kann.

Brottorte von 1890

Ein wunderbares Rezept für altes Brot, der Geschmack ist bei diesem Rezept auch durch das lange Rühren mit der Hand ganz besonders.

Bedarf: 5 ganze und das Gelbe von 6 Eiern, 280 Gramm gestoßenen Zucker, 2 Handvoll Hausbrot, 280 Gramm Mandeln, Gewürznelken, Zimt, Muskatnuss, Zitronenschale.

Man nehme 5 ganze Eier und 6 Dotter, menge diese in einer Schüssel gut durcheinander, gebe 280 Gramm fein gestoßenen Zucker hinzu und rühre dann das Ganze ½ Stunde lang gut ab. Ferner gebe man 280 Gramm ungeschälte gestoßene Mandeln, die nach dem Stoßen getrocknet werden müssen, bei und rühre dieses wieder eine ¾ Stunden lang. Zuletzt mische man noch 2 Handvoll fein geriebenes Hausbrot, ein wenig Gewürznelken, Zimt, etwas geriebene Muskatnuss und klein gehackte Zitronenschalen ein. Alles gut durcheinander gerührt, bestreiche dann ein flaches Tortenblech mit Schmalz, thue den Teig hinein und lasse ihn 1 Stunde backen.

Brotsuppe

Diese Suppe kocht man am besten in einer guten Emaille-Kasserolle – wegen des guten Geschmacks!

Etwas fein geschnittenes Wurzelwerk wird in Butter gelb angeschwitzt. Einen kleinen Teller voll in Stücke geschnittenes, altbackenes Brot röstet man in Butter unter ständigem Rühren schön goldbraun, gibt dann Salz und einen Teelöffel Kümmelkörnchen hinzu, gießt das Ganze mit einem Liter Wasser auf und kocht das Wurzelwerk weich. Anschließend drückt man alles durch ein Sieb, lässt die Suppe wieder zum Kochen kommen, verdünnt sie, wenn nötig, mit heißem Wasser, würzt sie mit gehackter Petersilie, Pfeffer und Salz und zieht sie mit einem Eigelb und etwas Sahne oder Milch ab. Zum Servieren etwas geröstetes Brot in die Tellermitte geben.

Bei uns zu Hause schneiden wir altbackenes Schwarzbrot in dünne Scheiben und diese dann in etwa 1 cm breite Streifen. In der Zwischenzeit wird eine gekörnte Brühe oder Fleischsuppe zum Kochen gebracht. Zwiebeln werden fein gewürfelt und fest angebraten (für einen Teller Suppe rechne ich immer eine große Zwiebel). Sind die Zwiebel schön resch, gebe ich das Brot in die heiße Brühe. Je nachdem, wie würzig mein Brot ist (am besten Sauerteigbrot verwenden), würze ich die Suppe mit Salz und Pfeffer nach.

Das Brot in der Suppe kurz ziehen lassen und dann die Zwiebel daraufgeben. Alles im Topf auf den Tisch stellen. Sie werden sehen, die Zwiebeln sind heiß begehrt. Dazu gibt es bei uns Pellkartoffeln und für meine Männer Blut- und Leberwürste.

Lob der Brotsuppe

Brotsuppen! Auf Ehr und Gewissen, es hat in meinem ganzen Leben nie mehr etwas Besseres gegeben als eine Brotsuppe, wie meine Mutter sie gemacht hat. Dabei war eigentlich gar nichts Besonderes daran. In eine große Schüssel wurde Brot, etwas älteres Bauernbrot aus dem Backofen, geschnitzelt, etwas Salz darauf gestreut und kochendes Wasser darüber gegossen, aber, und das war die eigentliche Kunst, kein Tropfen mehr und keiner weniger, als das Brot gerade noch aufsaugen konnte. Das Ganze musste dann auf der heißen Ofenplatte noch einige Minuten vor sich hin wabern, auf dass sich alles miteinander gut verband, nicht zu fest und nicht zu weich wurde.

Schließlich kam kurz vor dem Auftragen noch ausgelassene Butter mit goldgelb gerösteten Zwiebeln darüber. Ich hatte mir dabei von der Großmutter noch eine besondere Spezialität abgeschaut: in die linke Hand legte ich eine kalte, geschälte Kartoffel und mit dem Löffel in der rechten schob ich abwechselnd ein Stück Kartoffel und eine Portion Brotsuppe in den Mund. Dabei kam es darauf an, aus der Gemeinschafts-schüssel, zu der oft zehn Löffel gleichzeitig unterwegs waren, bei jeder Fuhre möglichst viel von den begehrten Zwiebeln zu erwischen, vor allem aber, darauf zu achten, dass die anderen Geschwister, sechs bis acht an der Zahl, sich an das vereinbarte Tempo hielten und sich nicht etwa durch ein zu schnelles Hin- und Herfahren mit dem Löffel Vorteile verschafften.

Anton Wandinger, aus dem 1. Turmschreiber von 1983

Toskanischer Brotsalat

Zutaten:

4 Scheiben altes Weiß- oder
Bauernbrot
6 Tomaten
½ Salatgurke
1 rote Zwiebel
2 Knoblauchzehen
2 Stangen Staudensellerie
½ Bund Basilikum
50 ml Olivenöl
3 EL Aceto Balsamico
Meersalz und Pfeffer
zum Würzen

So wird's gemacht:

Vom Brot die Rinde entfernen und in kleine Stücke zerpflücken, alles in eine Schüssel geben und mit etwas kaltem Wasser beträufeln. Nur so viel, dass es feucht aber nicht nass ist.

Die Tomaten und die Gurke sowie den Sellerie in kleine Würfel schneiden. Knoblauch und Zwiebel schälen und fein hacken. Das Basilikum abbrausen, trockentupfen und fein hacken.

Gemüse, Knoblauch und Zwiebel zum Brot in die Schüssel geben, Basilikum hinzufügen, nun das Olivenöl und den Balsamico unterziehen und mit Salz und Pfeffer abschmecken. Den Salat sollte man vor dem Servieren 30 Minuten ziehen lassen.

Tipp: Sehr gut schmeckt dieser Salat auch, wenn das Brot zuerst in etwas Öl angeröstet wird. Zum Verfeinern kann man auch noch Thunfisch unter die Masse rühren.

Tipps zur Brotlagerung

Da die Schimmelsporen nur von außen in unser Brot gelangen können und zur Bildung immer Feuchtigkeit vorhanden sein muss, sollten Sie Folgendes beachten:

■ Brot immer gut durchbacken.

■ Angeschcbenes Brot (also wenn zwei Brote aneinander festgebacken waren) noch einmal kurz in den Ofen, damit sich auch diese Stellen schließen.

■ Brot nach dem Ausbacken gut und rasch abkühlen lassen, und zwar in einem warmen Raum. Erst nach vollständigem Auskühlen einwickeln, kühl und trocken lagern, am besten bei 10 bis 15 °C und nicht über 60 Prozent Luftfeuchtigkeit.

■ Brot mit hohem Vollkornanteil schimmelt leichter.

■ Früher wurde Brot auf Holzgestellen mit Lattenböden gelagert. Wichtig war hierbei, dass der Luftzug ungehindert durchstreichen konnte. Keinesfalls durften die Brote direkt aneinander oder gar übereinander liegen.

■ Heute friert man sein Brot einfach ein. Wichtig ist dabei nur, es in spezielle Gefrierbeutel zu geben und die Luft auszupressen. Einkaufs- oder Müllbeutel sind luftdurchlässig und nicht lebensmittelgeeignet.

■ In Scheiben geschnittenes Brot schimmelt schneller als ganze Laibe. Ich friere gerne geschnittenes Brot ein, es lässt sich wunderbar am Abend rauslegen, so habe ich zum Frühstück frisches Brot. Bei ganzen Brotstücken legt man es eine halbe Stunde zum Antauen in die Küche und dann noch bei 200 °C für 10 Minuten in den heißen Ofen. Semmeln zum Auftauen kurz antauen lassen und ab damit in den heißen Backofen; schön rösch werden sie, wenn man sie vorher etwas befeuchtet.

■ Brotkästen aus Email, Holz oder Keramik sollten immer sauber und trocken gehalten werden. Regelmäßiges Auswaschen mit heißem Essigwasser empfiehlt sich.

Das halbe Brot

Als der Geheime Medizinalrat Prof. Breitenbach gestorben war, gingen seine drei Söhne an das traurige und wehmütige Geschäft, den Nachlass zu ordnen und das Erbe ihres Vaters getreu seinem letzten Willen unter sich zu verteilen. Es waren alte, handgeschnitzte Eichenmöbel, schwere Teppiche, kostbare Gemälde, auf deren Rahmen die Patina des Alters schimmerte. Und dann war da eine Vitrine, so wie sie in ehrwürdigen Haushalten zu finden ist; ein schmaler, hoher Glasschrank mit vergoldeten Pfosten und geschliffenen Scheiben, In diesem Schrank, den der Medizinalrat bei Lebzeiten wie ein Heiligtum gehütet hatte, waren kleine Kostbarkeiten und Erinnerungsstücke aufbewahrt.

Behutsam und mit liebevollen Händen nahmen die Brüder die zierlichen Elfenbeinstatuen, die hauchdünnen chinesischen Teetassen und die römischen Öllämpchen heraus. Plötzlich stutzten sie.

Im untersten Fach hatte einer von ihnen ein merkwürdiges Gebilde entdeckt, einen grauen, verschrumpften und knochenharten Klumpen, wie von täppischer Kinderhand aus Lehm geknetet. Vorsichtig nahm er ihn heraus im Glauben, eine Kostbarkeit in Händen zu halten. Die Brüder traten herzu und hielten den merkwürdigen Gegenstand unter die Lampe. Wie groß war ihr Erstaunen, als sie erkannten, dass es sich um nichts anderes handelte als um ein vertrocknetes Stück Brot!

Ratlos sahen sie einander an; aber wohl ahnend, dass der Vater nichts aufbewahrt hätte, was nicht von besonderem Wert für ihn gewesen wäre, begannen sie herumzurätseln, was der Beweggrund gewesen sein mochte, viele Jahre lang ein vertrocknetes Brotstück in der Vitrine aufzuheben. Endlich befragten sie die alte Haushälterin.

Die brauchte sich nicht lange zu besinnen. Unter häufigem Schluchzen wusste sie folgende Begebenheit zu berichten:

In den Hungerjahren nach dem Weltkriege hatte der alte Herr einmal schwerkrank darniedergelegen. Zu der akuten Erkrankung war ein allgemeiner Erschöpfungszustand getreten, sodass die Ärzte bedenklich die Stirn runzelten, etwas von kräftigender Kost murmelten und dann resigniert die Achseln zuckten. Damals hatte ein Bekannter ein halbes Brot geschickt mit dem Wunsche, der Medizinalrat möge es getrost essen, damit er ein wenig zu Kräften komme. Es sei gutes, vollwertiges Schrotbrot, das er selbst von einem befreundeten Ausländer erhalten habe.

Zu dieser Zeit aber habe gerade im Nachbarhaus die kleine Tochter des Lehrers krank gelegen, und der Medizinalrat hatte es sich versagt, das Brot selber zu essen, sondern es den Lehrersleuten hinübergeschickt. »Was liegt an mir altem Manne«, habe er dazu gesagt, »das junge Leben dort braucht es nötiger!« Wie sich aber später herausstellte, hatte auch die Lehrersfrau das Brot nicht behalten wollen, sondern an die alte Witwe weitergegeben, die in ihrem Dachstübchen ein Notquartier gefunden hatte. Aber auch damit war die seltsame Reise des Brotes nicht zu Ende. Die Alte mochte ebenfalls nicht davon essen und trug es zu ihrer Tochter, die nicht weit von ihr mit ihren beiden Kindern in einer kümmerlichen Kellerwohnung Zuflucht gefunden hatte. Die hingegen erinnerte sich daran, dass ein paar Häuser weiter der alte Medizinalrat krank lag, der einen ihrer Buben kürzlich in schwerer Krankheit behandelt hatte, ohne dafür etwas zu fordern.

Nun ist die Gelegenheit da, so dachte sie, dass ich mich bei dem freundlichen alten Herrn bedanke. Sprach's, nahm das halbe Brot unter den Arm und ging damit zur Wohnung des Medizinalrates.

»Wir haben es sogleich wiedererkannt«, schloss die Haushälterin, »an der Marke, die auf dem Boden des Brotes klebte und ein buntes Bildchen zeigte. Als der Medizinalrat sein eigenes Brot wieder in Händen hielt, da war er maßlos erschüttert und hat gesagt: »Solange noch die Liebe unter uns ist, die ihr letztes Stück Brot teilt, so lange habe ich keine Furcht um uns alle!«

Das Brot hat er nicht gegessen. Vielmehr sagte er zu mir: »Wir wollen es gut aufheben, und wenn wir einmal kleinmütig werden wollen, dann müssen wir es anschauen. Dieses Brot hat viele Menschen satt gemacht, ohne dass ein Einziger davon gegessen hätte. Es ist wie ein heiliges Brot, das zum sichtbaren Willen Gottes wurde und zum Beweis dafür, dass sein Wort auf guten Boden gefallen ist!«

Damals legte es der Medizinalrat in die Vitrine, und ich weiß, dass er es oft angeschaut hat.

Günther Schulze Wegener, 1957

Müllerlatein

Abdecken: Schutz des Teiges während der Teigruhe, mit einem Geschirrtuch. Es schützt den Teig vor dem Austrocknen und hält Zugluft fern.

Alter Sauer: Ein Sauerteig, der zu lange in der Wärme gestanden ist oder bei dem Fehler in der Sauerteigführung gemacht wurden. Sie sollten einen neuen Sauerteig ansetzen.

Anfrischen: Dient der Vermehrung von Sauerteig mit Wasser und Mehl, um im Rahmen der Sauerteigführung die Konzentration des Sauers zu vermindern.

Anfrischsauer: Fertiger Grundsauer, der entweder im Kühlschrank gerastet hat oder eingefroren wurde. Diesen mit Mehl und Wasser verrühren, bis er die Konsistenz eines Rührkuchenteigs hat, und 12 bis 24 Stunden warm zugedeckt reifen lassen. Ergebnis ist Anstellsauer!

Anstellsauer: In der Regel wird er von der letzten Sauerteigstufe genommen und ist reich an Hefen und Säurebakterien. Er ist die erste Stufe für neuen Sauerteig! Augenmaß und Handgewicht verlassen den Bäcker nicht! Altes Bäckersprichwort

Ausbund: Einschnitt im Gebäck, der den Krustenanteil erhöht und damit den Geschmack verbessert, zum Beispiel bei Kaisersemmeln oder Berliner Schrippen.

Auswuchs: Veränderungen von Erntegut (Getreidekörner), das ungewollt und vorzeitig in Keimstimmung geraten ist. 2010 ist in Bayern ca. 90 Prozent des Getreides ausgewachsen. Es konnte wegen schlechter Witterung nicht geerntet werden, sodass die Körner bereits in der Ähre wieder ausgekeimt sind.

Auswuchsmehl: Die Teige verhalten sich klebrig. Brot aus solchen Teigen hat eine feuchte, grobporige Krume und eine dunkle Krustenfarbe. Mit Sauerteig geführte Teige sind hier die beste Wahl.

Auszugsmehl: Alte Bezeichnung für die Mehltype 405

Backpulver: Am besten Weinstein und natronhaltiges verwenden. Brot wird damit selten gebacken, aber für kleineres Weizengebäck kann es schon mal die Hefe ersetzen. Der Vorteil hierbei ist, dass es sehr schnell geht.

Backtemperatur: Die Backzeiten sind je Elektroherd unterschiedlich. Wichtig: immer gut vorheizen auf maximale Temperatur bis zu 260 °C und dann unbedingt zurückschalten – nach ca. 5 bis 10 Minuten auf normale Kuchentemperatur (180 °C).

Backzeit: Die Zeit vom Einschießen der Teiglinge bis zum Herausziehen der fertigen Brote. Sie schwankt bei den einzelnen Brotsorten und ist abhängig von der Größe des Teiglings und der Ofentemperatur sowie vom gewünschten Brotcharakter.

Bestreichen: Durch Bestreichen der Brote mit Wasser wird die Oberfläche elastischer und glänzender, unser Brot bekommt eine stärkere Bräunung im Ofen. Mit Schwaden erreicht man das Gleiche.

Bulgur, auch Bulghur oder Burghul: wird vor allem im Nahen und Mittleren Osten häufig verzehrt. Er wird aus vorgeweichtem, gekochtem und anschließend getrocknetem Weizen hergestellt.

Dinkel: Ein Getreide mit feinem nussartigem Geschmack, das reichlich Klebereiweiß enthält und den Weizen in vielen Gebäcken ersetzen kann. Nach der hl. Hildegard von Bingen das beste Getreide.

Einschneiden: Durch Einschneiden oder Stippen können wir ein unkontrolliertes Aufreißen der Kruste verhindern.

Faustregel: 1 kg Brot – eine Stunde Backzeit!

Frischhefe: Wird in Würfeln angeboten und gekühlt ist sie ca. vier Wochen haltbar. Sie lässt sich gut einfrieren. Zum Auftauen in eine Mehlmulde legen und mit lauwarmem Wasser bedecken, nach ein paar Stunden ist sie backfähig.

Gare: Die Zeit vom Kneten des Teiges bis zum Einschieben in den Ofen. In dieser Zeit lockert sich der Teigling und das gibt ihm die Porung und das Volumen.

Gasbildungsvermögen: hängt im Wesentlichen von der Gärtätigkeit der Hefen ab.

Gashaltevermögen: Hierfür wird ein Mehl mit ausreichender Klebermenge und einem optimal dehnungsfähigen Kleber benötigt.

Gitterrost: Zum Auskühlen das Brot daraufsetzen, so kann die Feuchtigkeit rundherum entweichen.

Glattes Gebäck: Runde oder längliche Semmeln mit glatter Oberfläche wie der schwäbische Wasserweck.

Grahambrot: Nach dem amerikanischen Arzt Dr. Graham; wird aus Weizenschrot hergestellt und hat einen nussartigen bis neutralen Geschmack. Ungesalzen und ungesäuert wird es als Bestandteil einer Magendiät empfohlen.

Grundsauer: Am Abend 100 g Roggenmehl Type 1370 oder Weizenvollkornmehl mit 160 ml Wasser verrühren, mit Frischhaltefolie abdecken und bis zum nächsten Tag an einem warmen Ort reifen lassen. Diesen über drei Tage immer wieder mit etwas Mehl füttern. Ergebnis ist Anstellsauer!

Grünkern: Wird aus Dinkel gewonnen. Die halbreif geernteten, noch grünen Körner des Dinkels werden mit Heißluft getrocknet (gedarrt). So bekommen sie ein kräftiges Aroma und sind leichter verdaulich. Er enthält viel hochwertiges pflanzliches Eiweiß, Calcium, Phosphor und Eisen.

Hutzelbrot: Ein beliebtes Weihnachtsgebäck. Die äußere Hülle wird aus Brotteig bereitet und das Innere ist ein Hefeteig mit viel Trockenobst. Bei uns nennen wir es Kletzenbrot.

Inhaltsstoffe: Brotmehl besteht aus sieben Inhaltsstoffen: Stärke, Eiweiß, Zucker, Fett, Salz, Zellulose und Wasser. Wobei rund 70 Prozent des Mehles aus Stärke bestehen.

Joghurtbrot: Anstelle von Wasser wird bei der Teigbereitung Joghurt verwendet, so erhalten wir ein aromatisches Brot mit mild säuerlichem Geschmack.

Junger Sauer: Der Sauerteig ist noch nicht genug gesäuert und sollte noch etwas länger weitergefüttert werden, bis er genug Säure hat.

Kaffee: Brot, das vor dem Backbeginn mit Kaffee, etwas Zucker und verquirltem Ei bestrichen wird, erhält eine schöne intensiv gelbe Oberfläche. Gibt man noch etwas Öl hinzu, glänzt sie auch noch.

Keimling: Der Keimling des Getreidekorns besteht aus dem Wurzelkeim, der Blattanlage, dem Schildchen und dem Aufsauge-Epithel.

Kleber = Gluten: Der wichtigste Stoff im Mehl. Gut backfähige Weizensorten enthalten über 30 Prozent Feuchtkleber. Die Backfähigkeit des Mehles hängt von seiner Güte, Menge und Beschaffenheit ab.

Klopfprobe: Wenn der Backprozess abgeschlossen ist, nehmen wir das Brot aus dem Ofen und klopfen mit dem Fingerknöchel auf den Boden, es soll sich hohl anhören. Wer eine starke Kruste wünscht, kann jetzt sein Brot noch einmal für 20 Minuten bei 140 °C in den Ofen schieben.

Kohlensäure: Die Eigenschaften des Klebers (zäh, dicht, quellfähig und dehnbar) verhindern während der Gärung des Teiges das Entweichen der Kohlensäure.

Koriander: Gewürzpflanze mit pfefferkornartigen Früchten, sehr gutes Brotgewürz

Krume: Der weiche Innenteil eines Brotes, der gleichmäßig gut gelockert sein soll, elastisch, schnittfest und aromatisch.

Kruste: Einschnitte vor dem Backen mit einem scharfen Messer, einer Rasierklinge oder Stempeln dienen nicht nur dem typischen Aussehen, sondern erhöhen zugleich den Anteil der aromatisch-knusprigen Kruste.

Lauge: 1 l Wasser und 20 g Natron in einem Topf zum Kochen bringen und 5 Minuten sprudelnd kochen. Die Teiglinge darin mit einem Schaumlöffel für 20 Sekunden eintauchen, herausnehmen und mit Brezensalz bestreuen. Bei 200 °C 25 Minuten backen.

Mahlvorgang: Reinigen, Putzen, Schroten des Getreides, Sichten des Mahlguts, Grieß- und Dunstputzen, Auflösen und Ausmahlen der Grieße und Dunste.

Mehl: Mehl sollte immer zimmerwarm verwendet werden. Sieben nicht vergessen!

Mehlkörper: Der Mehlkörper oder Endosperm besteht aus Stärke.

Milch: Brot wird mit Milch in der Krume zarter und hält sich länger frisch. Verwendet wird sie am besten in Weißbroten oder süßen Hefeteigen.

Nachmehl: Dunkles Mehl, das bei der Vermahlung anfällt, nachdem das Hauptmehl (die hellen Mehltypen) abgesiebt ist. Wir verwenden es zum Mehlen der Backkörbchen oder des Backbretts.

Oxidationsmittel: Vitamin C oder Ascorbinsäure werden oftmals dem Mehl zugefügt, um die Teigfestigkeit zu erhöhen.

Pumpernickel: Ein aus Roggenschrot oder -vollkornmehl hergestelltes Brot, das mit Sauerteig verfeinert wird und mindestens 16 Stunden bei niedriger Temperatur in Dampfkammern gebacken wird. Dadurch erhält es seine tiefbraune Farbe und den säuerlich-süßen Geschmack.

Qualität: Die Qualitätsmerkmale von Mahl- und Backerzeugnissen wurden schon von jeher auf die Bedürfnisse der Kunden zugeschnitten. Ein guter und erfolgreicher Betrieb kennt die Wünsche und Anforderung seiner Kunden. Brotvielfalt als Weltkulturerbe?

Rundwirken: Durch Drehen und Drücken formen wir unser Brot, was zu einer glatten Oberfläche und einem besseren Teigstand führt.

Salz: Brot ohne Salz ist wie ein Leben ohne Glauben. 15 Gramm auf ein Kilogramm Mehl beeinflussen den Teig günstig und die Kruste bräunt besser. Am besten aufgelöst zum Mehl geben.

Sauerteig: Ein sauer gärender Teig, das älteste Lockerungsmittel beim Backen. Der 24 Stunden gereifte Anstellsauer ist mein fertiger Sauerteig. Von diesem nehme ich für ein Rezept mit einem

Kilogramm Mehl 130 Gramm oder grob eine Tasse oder eine Teigkarte voll.

Sauerteig: Erst durch Sauerteig können wertvolle Inhaltsstoffe von Vollkornmehlen oder Mehlen mit hoher Typenzahl optimal verwertet werden.

Scheiterhaufen: Resteverwertung der besonderen Art: Aus alten Semmeln, Rosinen, Eiern, Milch, Butter, Äpfeln, Zucker und Milch wird ein köstlicher Auflauf.

Schimmel: Angeschnittenes Brot ist anfällig für Schimmel. Dieses Brot ist nicht mehr für den Verzehr geeignet.

Schuss, auch Schluss genannt: Die beim Wirken von Teigen entstehende Naht in der Oberfläche – beim Teigformen dreht man diesen immer im Kreis und drückt dabei immer in die Mitte. Der Schuss ist empfindlich gegen steigenden Druck von innen und reißt bei unsachgemäßer Behandlung leicht auf. Für den, der es knusprig will, ist das gerade recht!

Schwaden: Wir benötigen für Semmeln und auch für Brot feuchte Luft im Ofen. Dazu sprühen wir in den heißen Ofen Wasser oder stellen während des Vorheizens eine Schüssel mit hinein, in die wir dann, wenn das Brot in den Ofen geschoben wird, heißes Wasser schütten. Nach 5 Minuten aber muss der Dampf raus! Backofentür dazu öffnen und zurückschalten. Wichtig für die Volumenbildung.

Semmelnudeln: Altgebackene Weißbrotscheiben mit Zwetschgenmarmelade bestreichen, aufeinandersetzen, in einer Milch-Eier-Masse wenden und in der Pfanne ausbacken.

Sesamsamen: Der stark ölhaltige Samen des Sesamkrautes, zum Backen in geschälter und ungeschälter Form erhältlich. Geröstet ohne Fett bekommt er einen noch aromatischeren Geschmack. Nur begrenzt haltbar aufgrund des hohen Fettgehaltes. Für Salate, Brot und Gebäck.

Sojamehl vollfett: Sojamehl wird aus der Sojabohne gewonnen, ist glutenfrei und hat einen zehnfach höheren Fettgehalt als andere Mehle. Sollte mit anderen Mehlsorten vermischt werden.

Speisestärke: 1 TL Speisestärke in ¼ Liter Wasser aufgekocht, wird (noch heiß) zum Bestreichen vom fertig gebackenen, heißen Brot verwendet. So erhält man einen kräftigen Glanz mit fester Kruste.

Stückgare: CO_2-Gas wird vermehrt produziert, hierbei steigt der Gasinnendruck in den Poren, was zu einem besseren Teigstand beiträgt – das Teigvolumen nimmt zu.

Teig: Der Teig muss immer gut durchgeknetet werden, er sollte elastisch-fest sein wie ein Babypopo. Mit der Küchenmaschine 10 Minuten kneten, mit der Hand etwa 30 Minuten.

Teigkarte: Ein hilfreiches Teilchen beim Brotbacken. Sie ist handgroß, aus Kunststoff und löst den Teig von der Arbeitsfläche und den Händen. Preis ca. 1,95 Euro. Praktisch!

Teigruhe, auch Teigentwicklungszeit: Hier quillt das Eiweiß durch Wasseraufnahme, die Stoffwechseltätigkeit der Mikroorganismen lässt den Teig aufgehen, was zu einer besseren Standfestigkeit führt.

Teigtemperatur: Roggenbrot 27 bis 29 °C – Mischbrot 26 bis 28 °C – Weißbrot 24 bis 26 °C – Brötchen 22 bis 26 °C

Trieb: Das Aufgehen des Teiges durch Hefe und Sauerteig. Hefeteige müssen sich verdoppeln und Sauerteigbrote etwa um die Hälfte zunehmen. Ein Teig ist gut gegangen, wenn ein Eindruck mit dem Finger sich sofort wieder verschließt.

Trockensauerteig: Die Alternative zum selbst angesetzten Sauerteig. Hier werden in der Regel auf ein Kilogramm Mehl 30 Gramm verwendet, was in etwa einem Esslöffel entspricht. Hier ist kein Vorteig nötig. Hefe muss aber verwendet werden, um ein besseres Aufgehen zu gewährleisten.

Urlaub: Beim Brotbacken kann man sich wunderbar entspannen und wieder zu sich selbst finden.

Vorratsschädlinge: Sowohl Getreide als auch Mahlerzeugnisse stellen eine ausgezeichnete Nahrungsquelle dar – deshalb immer einen Blick auf Ihren Vorrat richten.

Wirken: Arbeitsgang beim Aufmachen des Teiges, zu kurzes Wirken führt zu Wirkblasen.

Zucker: Rübenzucker, Rohrzucker oder Melasse wird zur Hefe gegeben, um die Gare zu beschleunigen und das Brot oder die Semmeln zu färben.

Zwischengare: Nur für eine kurze Zeit bei bestimmten Rezepten. Wir lassen das Gebäck bis zu acht Minuten rasten.

Quellen

Peter Rossegger, Erdsegen, 1897
Der volle Sack von Wilhelm Busch, Jugendkalender 1958
Waggerl, Die schönsten Wiesenblumen in Wiese und Feld
Zeitschrift für das gesamte Getreide-, Mühlen- und Bäckereiwesen, Berlin Nr. 65
Laura Krüger, Vom Zauber alten Hausgeräts, Bücher-GmbH Bayreuth ISBN 3-7930-0724-3, Jahr 1981
Inntalsagen, Autor Max Einmayr, leider vergriffen!
»Die realistische Schilderung wie 1886 in Belgien Brot gebacken wurde«, 1886 Emile Verhaeren, aus dem Werk »Flamandes«. Aus »6000 Jahre Brot« Bioverlag Gesundleben Heinrich Eduart Jacob, ISBN 3-922434-74-6

Gedicht »Der Bäcker« aus dem Buch »Das liebe Brot«, 1979 by AT Verlag. Arau Schweiz ISBN 3855020604

»Lob der Brotsuppe« von Anton Wandinger, geboren 1913/gestorben 1978, aus dem 1. Turmschreiber von 1983

Geschichte »Das halbe Brot« von Günther Schulze Wegener, aus dem Buch »Das halbe Brot«, Lutherverlag Witten an der Ruhr, 1957

Texte aus »Vom Zauber alten Hausgeräts« von Laura Krüger:
Seite 56: Alte Backgeräte rund ums Brot, Seite 58: Grotgrammeln, Seite 59: Brotstempel

Über mich

Der Umgang mit Getreide und Mehl wurde mir von meinen Eltern in die Wiege gelegt. Als älteste von drei Müllerdirndln habe ich sehr früh den Weg in unsere Mühle gesucht – und in meiner Berufsausbildung zur Müllerin gelernt, wie aus Getreide backfähiges Mehl und daraus gutes Brot wird, und wie wichtig Müller für die Bevölkerung sind. Brot hat mich immer fasziniert und so habe ich bereits mit gerade mal 19 Jahren Kurse in der Volkshochschule über gesunde Ernährung gegeben. Seit über 30 Jahren führe ich mit meiner Mami, meinem Mann und meinen Schwestern einen Naturkostmühlenladen, und mein jüngster Sohn lernt nun auch den Müllerberuf. In meinen Büchern will ich meinen Weg teilen und Ihnen dabei helfen, Ihren eigenen Weg zu finden im regionalen und gesundheitsbewussten Leben.

Die Rezepte sind bewusst wenig bebildert, da Ihr Brot vielleicht anders wird, als wenn ich es backe – und Sie enttäuscht sein könnten, wenn Ihres nicht genauso aussieht. Dafür aber sind die Ratschläge im Buch reichlich und die Brotfehler bebildert, sodass Sie, falls Ihr Brot nicht schmeckt oder anders aussieht als gewünscht, gezielt nachschauen und IHR Brot entwickeln können.

Dieses Buch soll auch eine Hilfe für alle Brotbäcker sein. Ich habe mich über Jahre damit beschäftigt und festgestellt: die Fehleranalyse ist der Schlüssel. Wenn einem etwas wehtut, geht man zum Arzt – aber an wen wendet man sich, wenn sein Brot nichts geworden ist.

Für alle, die von meinem Brotwissen nicht genug bekommen können, zu guter Letzt noch zwei Bücher, die ich im Eigenverlag herausgegeben habe: »Brot und Heimat« sowie »Laib und Seele«.

Bildnachweis

Alle Fotos Bethel Fath, außer:

S. 1: aus: »Ratgeber für Müller«, Bd. 3, Gesellen-Prüfungs-
aufgaben und Prüfungsfragen, Verlag Deutscher Müller
Th. Fritsch, Leipzig
S. 2/3: Quirin Leppert für HÖRZU HEIMAT
S. 8/9, 30/31, 41, 93: Archiv Wagenstaller
S. 16/17: Versuchsanstalt Getreideverarbeitung, Berlin,
Zeichnung Irmgard Kuhn
S. 22 u., 33, 75, 95, 98/99, 106, 107, 119, 122, 178,
190: Annelie Wagenstaller
S. 34, 35: aus: »Die schönsten Blumen in Wiese und
Feld«, Pinguin Verlag, Innsbruck, 1969
S. 36: Dreamstime
S. 37, 38: aus: »Taschenbuch des Müllers«, 8. Ausgabe
1927
S. 39, 53, 143: Elmar Kinninger
S. 46: aus: »Agrarwirtschaft, Grundstufe« S. 267,
Daniela Farnhammer
S. 48/49: R. Hagen
S. 51 re.: Christian Hacker
S. 51 li.: MIAG (www.buhlergroup.com)
S. 54/55: Ralf Gamböck
S. 62/63: aus: Wilhelm Busch: »Die Kirmes«
S. 65: aus: Siegfried W. de Rachewiltz: »Brot aus Südtirol«
(www.arunda.it)
S. 67: aus: »Der Bergsteiger« 5. (XIII) Jahrgang, 1. Band,
Oktober 1934 bis September 1935, Verlag Bruckmann &
Holzhausen
S. 73, 132, 145, 160: aus: Amme, Giesecke & Konegen
AG Braunschweig: »Taschenbuch des Müllers«, 4. Aus-
gabe, Braunschweig 1908
S. 78: aus: Wilhelm Busch: »Max und Moritz«
S. 102 o.: H. Reinhard
S. 102 Mitte: Manfred Pforr
S. 113-115: aus: Guido Bretschneider: »Das Bäcker-
gewerbe«, Verlag Bernhard Friedrich Voigt, Leipzig 1936
S. 120: Mauritius
S. 136: Stockfood

Bibliografische Information
Der Deutschen Nationalbibliothek

Die Deutsche Nationalbibliothek verzeichnet diese
Publikation in der Deutschen Nationalbibliografie;
detaillierte bibliografische Daten sind im Internet über
http://dnb.d-nb.de abrufbar.

BLV Buchverlag GmbH & Co. KG
80797 München

© 2012 BLV Buchverlag GmbH & Co. KG, München

Umschlaggestaltung: Kochan & Partner, München
Umschlagfotos: Bethel Fath

Lektorat: Sandra Hachmann
Herstellung: Angelika Tröger
Layoutkonzept: Kochan & Partner, München
Layout und DTP: Anton Walter, Gundelfingen

Gedruckt auf chlorfrei gebleichtem Papier

Printed in Germany
ISBN 978-3-8354-0769-5

400 Rezepte für Süßes und Pikantes

Ich helf Dir backen
Süßes und Pikantes

Hedwig Maria Stuber

Hedwig Maria Stuber
Ich helf Dir backen
Das große Stuber-Grundbackbuch mit rund 400 bewährten Rezepten ·
Kuchen, Torten, Weihnachts- und Teegebäck, Brot, Brötchen und Pikantes ·
Mit Hinweisen, welche Rezepte auch glutenfrei gebacken werden können.
ISBN 978-3-8354-0846-3

www.blv.de